阿智玻秘

——南美四国精选自助游

曾素音

中国青年出版社

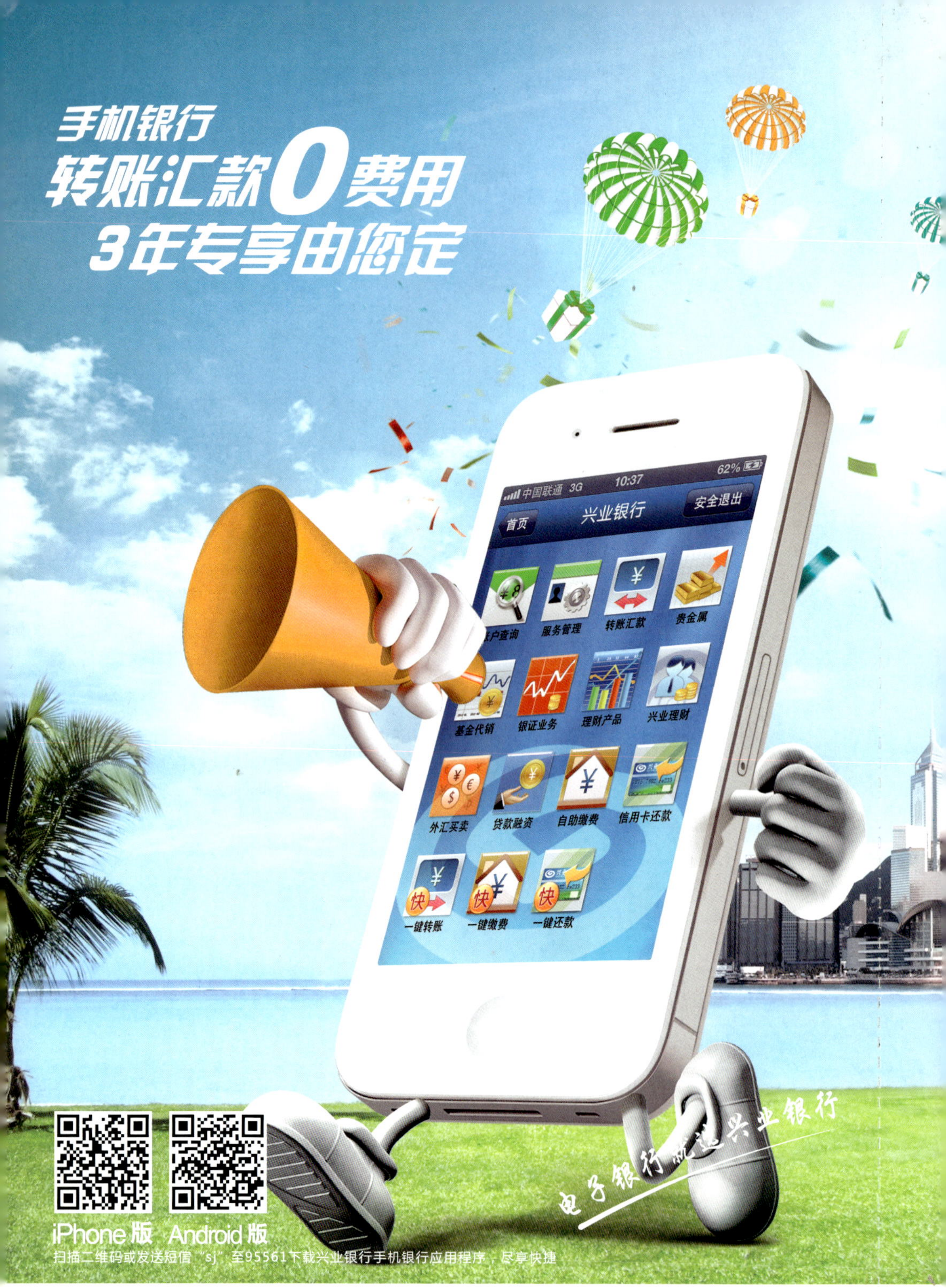
手机银行
转账汇款0费用
3年专享由您定
兴业银行
首页
安全退出
账户查询
服务管理
转账汇款
贵金属
基金代销
银证业务
理财产品
兴业理财
外汇买卖
贷款融资
自助缴费
信用卡还款
一键转账
一键缴费
一键还款
电子银行 就选兴业银行
iPhone版 Android版
扫描二维码或发送短信"sj"至95561下载兴业银行手机银行应用程序，尽享快捷

自助旅行宛如跟旅途中遇上的人、事与物，
谈一场没有预设结果的恋爱！

曾素音

目录 Contents

Chile Bolivia Argentina Peru

自序

过去几年来的游走，我常会给朋友写写电邮，诉说自己在旅途上的收获。这一次出发之前，经朋友的鼓励，决定好好的写这本书名都已经定下的《阿智玻秘》，希望把南美之行做个近乎完整的记录。书里记载的不只是29天的甜酸苦辣，还贪心的交出爱上旅游摄影10年以来，首次在画册上发表的照片。

不是因为我的照片出众，也不是因为我的自助旅游经验是前所未有的，比我走得更多，更远的单身旅行者大有人在，然而，我也只是想尽全力实现这个梦想，跟更多的人分享我一个人在世界另一端，在安第斯山脉的心路历程和收获。

一个人走过了玻利维亚、智利、秘鲁、阿根廷，就像是跟自己的心灵对话了两个星期，好好地认识自己，学会爱自己，并且背负照顾自己安危和身上财物的责任。回来以后，发现自己并没有像以往那么执著，懂得了随遇而安的道理。

直到《阿智玻秘》出版的那一天，妈妈都不知道我曾经一个人背着15公斤的大背包，前面挂个5公斤的相机背包，还有一个斜肩的包包，装着80卷的胶片，走在四个语言不通的国土上。她还以为MAGGIE是全程相随，其实也只是两个星期而已，而说这个白色谎言也不外是不想让妈妈操心。她更不晓得有其父必有其女的遗传因素，不知道我也跟爸爸一样，勇敢的来个单人背包旅行，只是我还没打破爸爸1个月在西双版纳和云南单独旅行的纪录。

虽然我是先斩后奏，买了机票才通知他们，但是，还是谢谢爸妈对我一定程度上的信任。爸爸给我取的名字是源自一位笔名为韩素音的文人，她是个医生，也是个作家。我想，我和爸爸也没有想过，有一天，我也有一本属于自己的著作，希望爸爸会因此为我感到骄傲。

在写这本书的过程中，有很多爱护我的朋友给我打气加油，甚至有远在越南和美国的朋友时常关心我写作的进展。出版著作的路走来真的不易，也碰过好多钉子，所以特别感恩大家的支持和鼓励。除了感谢众赞助商的看好，也感激数位不愿透露姓名赞助商对我投的信任票，希望我不会辜负所有人的期望！

有梦就去追寻，这是我最后想说的话，大家一起加油吧！

素音写于2007年7月17日 下午5点47分

范盈随笔

“孤身上路，千山我独行，不必相送！”一直以来是我向往的一种旅游方式，偏偏我有一个弱点，就是不敢一个人睡，因为我怕鬼，尤其是“红毛”鬼，如果遇上了又碰上语言不通，念佛经也救不了我，那事件可就大了！所以我佩服素音的胆量。作为她南美洲之旅的“半旅”（旅游到一半就跑回家），她胆粗粗，单枪匹马地背着相机独自走过另外3个南美国家，那种勇气与气魄是我所缺乏的。

我们俩皆反对在观光旅游时，抱着“上车睡觉，下车尿尿”的旅游文化；我们都喜欢拍照、徒步、欣赏风景古迹、探索历史文化、体验异国风情，最好还能来一段“异国拉丁情”。这一次的南美洲之行，有许多经典的情节及画面，都详细的收集在这本书里，就算你这一生没有机会到南美洲去，也能通过素音的文字与照片，感受到南美洲的风情，深深领略南美洲的美丽与哀愁。

对我来说，这个世界太大，总有太多没去过的地方是我想去探访的，我不知道什么时候还会再去南美洲（乘坐飞机30多个小时真的是要我的老命！），但是，每当想起这段旅程的点点滴滴，尤其想起的的喀喀湖芦苇岛上天真无邪的小孩，以及安第斯山脉上，物质贫乏却笑得比任何人都开心的少男们的时候，我总会心动，真的好想放下手边繁忙的工作，再到南美洲走一趟，抚慰那干枯已久的心灵。

作为一个真正享受旅游乐趣的人，这本书能够让我们南美洲之旅留下美好的回忆，书中的旅游心情及知识，是作者的真诚分享，毫无保留，是一本难得的旅行札记。

冒险与惊险连连篇

下午4点半的阳光照在Plaza Mayor广场前的教堂

Adventure in South America
Lima LaPaz Copacabana
Salar de Uyuni

等待36个小时的一张床，

我在1924年的建筑物里发现了不起眼的邮政局

只为玻利维亚签证

2007年5月8日的凌晨，我已经跟熟悉的被窝说再见，展开一个月不在自己的床就寝的日子。

看着机舱走廊另一端的“阿根廷情人”，赫曼睡在3人座的位子上，着实的羡慕，不过，我们也不认输，MAGGIE看着老外和她之间的位子空着，也很有技巧的侵占了她临座的位子，老外看来也挺有风度的，没有抗议，默默允许。这样一来，我们是两人3个位子，可以把脚放在位子上睡觉，虽然不及赫曼舒服，但理论上也比不少人睡得有条件。

搭乘过最长时间的班机是往加拿大温哥华，飞行18个小时，这次是22个小时，当然不会难为我。用心良苦的我，不断地提醒MAGGIE不要一直睡，怕36个小时，她落地后有时差，但是，MAGGIE的功力可真不赖，除了用餐以外，其他时间都可以尽情的睡。而我则不敢像温哥华之行那样，对眼前的银幕过分的厚爱。这么说吧，能吸引我视线的新戏也不多，所以就乖乖地按着大马和南美洲的睡觉时间入眠，中间隔着那南非短暂停留的尴尬时差和用餐时间，则没去理会。只要飞机餐送上，管它是早午晚餐，我一样吃个精光，然后把餐盒整理得像刚到手一样，很有满足感。

会如此难为MAGGIE在阿根廷机场等待6个小时，随后飞往秘鲁首都利马(LIMA)，全程需要36个小时，是因为要赶在1天半的时间内办理我的玻利维亚签证。说来其实这次是相当的冒险和勇敢，由于出发之前，我已经缴付了玻利维亚，智利与阿根廷之行的部分旅费，包括6趟的内陆飞机，也就是说，抵达第2天，最迟第3天就得依照事前规划的29天行程出发，行程上若有拖延，就免不了要伤脑筋了。所以，剩下的则是看办签证所需的时间长短，来决定开始的3天是否有多余的时间在秘鲁多欣赏一个景点。

基于大马没有玻利维亚驻马来西亚大使馆，我在吉隆坡花了超过1个月的时间，费尽心思，到处打听、拜托，就是没有办法请人在第三地玻利维亚大使馆代办，不管是台北（其实台北不为大马人办理）、北京或日本，该打的电话，该发的电邮，该拜托的本地旅行社老板，甚至拜托玻利维亚的旅行社到首都拉巴斯(LA PAZ)的外交部求情，都逐一尝试过了，答案还是只有一个：亲自到大使馆办理，说非得面试不可，然而我在利马也没有面试这回事。可能我办签证的经验不少，文件充足（所有证明我是旅游，财务、健康状况良好，不会在玻利维亚滞留的文件，通通附上），所以，他们只是交代我去银行汇30美元进大使馆的户口，然后是第二天的早上来领取签证。要是我知道那么简易，就不必那么费神，劳师动众兼投资电话和传真费用来处理此事，也不需常常于凌晨时分起床，发电邮给南美洲的好心人请求帮忙。看着我每天被签证折腾，每天在等待答案，同事们都叫我放弃玻利维亚之行，但是，我始终没有气馁，我不认输也不甘心，越是别人想放弃的事情，我越得克服。

马儿在等待客人的时候，广场的鸽子突然群起飞舞

话说回来，其实会如此勇敢也是因为我在出发前的两个多星期，终于通过外交部的网站，联络到大马驻秘鲁大使馆，知道可以在一到两天内取得签证。带着以防万一和不死心的心态的我，又是发电邮，又是拨电话到玻利维亚驻秘鲁大使馆，看看能否在到达以前拿到签证。大使馆的人不太懂英文，一味叫我第二天去办理，当时只怪大马没有被西班牙统治过，没有在这里留下他们的语言。结果，我为了初步保障旅途不会延误，再次拜托玻利维亚的旅行社拨电话至秘鲁，证实了是一天到两天的时间可以办到签证才信心大增的启程。这就是我的冒险精神，也不要去想签证延误以后，在南美洲4国所必须面对和支付的金钱与精神代价。

下了秘鲁的机场，还好已经安排好司机接送，不用再讨价还价或鸡同鸭讲的在机场久留，得以快速的奔向旅馆。到了旅馆，是生平第一次那么渴望看到床，躺在床上的快活滋味，只有长途跋涉的人能体会。

而为了要成为第一个到玻利维亚驻秘鲁大使馆报到的人，免得误事误时，我还是7点钟起床梳洗，吃早餐，8点搭出租车，而且还是前一晚睡前就安排好的，驱车赶往大使馆，以避开上班的车龙。很惊讶的发现，它就是那么小小的独立式房子，不说出来，谁也不会知道它真正的身份。由于8点40分就抵达，大门还是深锁，到门前接待处的玻璃窗敲了敲后，透过玻璃窗，MAGGIE不小心看到裸着上半身的男子，掌门人不好意思地说：“9点开门，请稍等。”就这样，两个女子坐在门前，看着职员上班，等着那扇门开启。

大清早在博物馆门前等待好心人喂食的鸽子

艺术家在广场的对街用心的作画

本土化的唐人街 遇上差点让我客死异乡的俊男

你会甘心死在这位帅哥的手里吗？

我在秘鲁的第2天要到大使馆拿签证，前一天错过到唐人街的我们，起个大清早，步行到唐人街，一心要品尝熟悉的早点。我想，不把我停留在路上拍照的时间计算在内，应该15分钟左右的步行就可以到达。

从旅馆到唐人街的路上，形形色色的人都有，基于他们不是白领上班族的关系，加上靠近唐人街的那一区，真的比较杂乱和拥挤，终于明白为什么在城市另一端的中餐馆老板娘说，也没几个华人会特意到那去。虽然我是来自世界的另一端，难免会被别人多看几眼，但是，好多看起来像是对我的相机有意思似的。也许是前一天有5个人：4个当地的好心路人加上1个挪威旅人给我负面警告，说在利马要小心相机和包包，我才会担心起来。结果，我开始了我在南美洲，找机会待在警察身边和把包包贴在墙上的两种拍照习惯。而且，在唐人街站岗的警察真的不少，更经典的是，那里还有很多流动美元兑换商，在警察的间接庇护下，在街头换钱。但是，那个早上，我和MAGGIE 还是选择在银行换钱，主要是我们不晓得兑换商手中会不会有假钞。

唐人街

不知道哪年的对联，脱落以后无人理会

走过牌坊的人有几个是华人？

不是有意讽刺，而是刚好他经过，其实他们也一样可以有喜讯

8点15分到唐人街，才知道唐人街的餐馆是早上9点才开门，他们原来没有我们东南亚人，七早八早，广东人叫“叹早茶”的习惯。怎么办？两个人只好委曲求全在巴刹共享一碟炸鸡、饭加薯条。不吃肉类，除了鱼肉和海鲜，别人评价为更难养的我，只好吃薯条加饭，MAGGIE也只好吃了几口她不爱吃的鸡胸肉。

但是，这个时候在唐人街拍照就不用担心人潮，可以把街上好几个生肖逐一的拍下，只可惜，唐人街真的比我想像中小，就真的像老板娘说的，只有那么两三条街，不如想像中的繁华与热闹。而店里雇用的也是当地人，用餐的也是当地人，贸易商店的老板大概都在家里数钞票吧。街头的牌坊写着：天下之大我侨他乡是故乡，可是他乡遇故里的激动情景，怎么都没发生？

不过，在这条我们唯一光顾的南美洲唐人街，两个人也见识了一家没有招牌烧腊店的魅力，用门庭若市来形容，一点也不夸张。光顾的当地人吃得津津有味，有个爸爸还喂儿子吃肉包，让我们拍照。但是，很不幸的，天生糊涂，后天努力尝试改变命运的我，竟然把曾经出问题，将已经拍过的胶片拉了两次，结果，所有烧腊店，部分唐人街和总统府守卫换班奏乐的画面，跟库斯科古城重叠，没法子让大家看到店面的热闹和比较两国烧腊的价钱，这是我南美洲之行最大的遗憾！尤其是好几组守卫换班的壮观情形，是我在南美洲唯一有幸看到的一幕，而且还是骗旅行社说，领取签证需时更久，要他迟半个小时到巴士车站来接我们，从而争取到的摄影时间。通过重叠的画面，我隐约看到守卫们整齐的步伐和帅气的制服，真的好心痛。

因为错过了早餐，我们决定在11点钟回到唐人街用午餐，所以在街口，以旅游手册，鸡同鸭讲的找了一个同意接送价钱，可以走双程的出租车司机。天啊，这位帅哥不懂路不打紧，十字路口闯过去以后，还会在身上画十字架，自己也深感庆幸没发生意外。出租车司机鲁莽驾驶的标准技术，他都掌握得很好。MAGGIE还称赞他技术好，我笑说，这可能间接挑起他的表演欲。回程更是惊险连连，从第三条车道，驶进第一条车道，随即拐进繁忙的路口之后，他一样执意要硬冲十字路口，而我正巧在这个时候，往右边望去，我的妈呀，一辆出租车使劲按喇叭，然后是紧急刹车！当我回过神来后，才意识到前一分钟真的好险，差点在到达南美洲的第3天就客死异乡，不死，也会在医院来个另类的度假！为了掌握证据，我也把这位帅哥的样子拍下来了。下车前，我们还因为让他在大使馆久等，多付了他1 SOLES，以示感谢。现在想起来，好像是多付钱买连环刺激惊险比较正确！

整条唐人街最具中国味的一扇门

猪老弟当家的年份，当然要给他照一张

怎么是两个人在擦鞋？

单身女子
夜闯玻利维亚拉巴斯惊魂

在秘鲁待上两个星期之后，跟MAGGIE分道扬镳的时间到了，她下午的飞机飞回利马，凌晨转机到阿根廷，隔天晚上返回大马，因此在阿根廷有半天血拼、品尝牛排套餐的时间。而我在导游JOSE的帮助下，早上搭乘车费12美元的巴士到COPACABANA，也就是玻利维亚的的喀喀湖(LAKE TITCACA）的湖边城镇；然后凭着同样的车票，转车到玻利维亚的行政首都，拉巴斯。开始的时候还有点埋怨，怎么会是太阳照射的左边窗口位，背光拍照比较吃亏呀！后来才惊觉JOSE的用心良苦。原来整个旅程，我都是沿路看着的的喀喀湖，因为这个湖面60%是属于秘鲁，40%是属于玻利维亚的湖长165公里，总面积是8500平方公里。这个海拔3825米的浩瀚大湖真的有种神奇的魔力，一直吸引我的目光，那种百看不厌的感觉，也曾经发生在西藏的旅途。心里总是会想，大地真的很奇妙，偏偏

总面积8500平方公里的湖面无止境的出现眼前

这就是进入玻利维亚的门槛

这是我从普诺搭乘巴士入境玻利维亚的路线图，湖中的“红线”代表国界

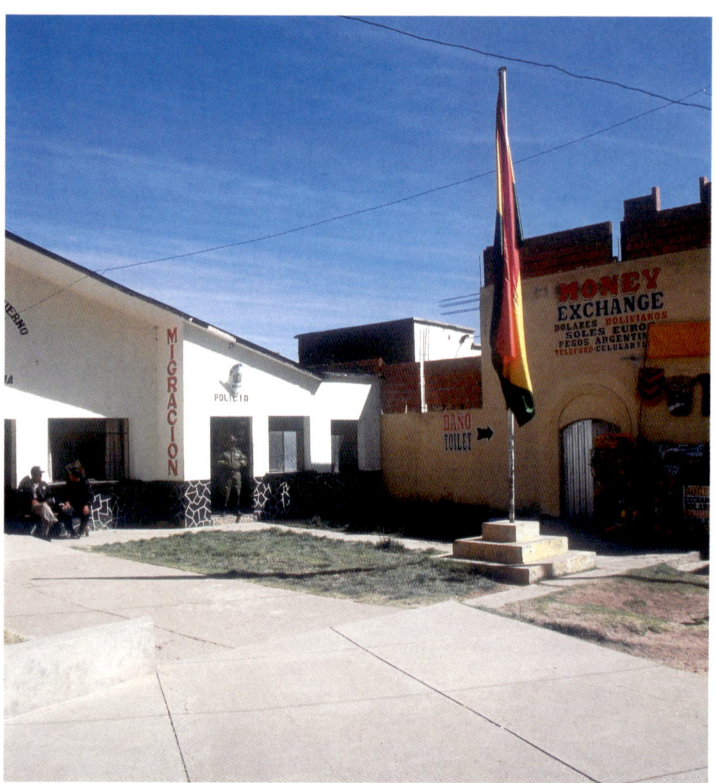

像间教室的小小关卡，
我可是花了好多的心血
才得以在这里盖章

因为遇上示威而有幸参观的Copacabana教堂

选择在这里，来个长满芦苇草的湖，住着生活与芦苇草息息相关的一群人。

到了边境城镇YUNGUYO，是兑换钱币，到移民厅盖章和让警察“检阅”的时候，看看我们是不是警方通缉的嫌疑犯，还是犯了什么错的。我记得在智利的关卡，警卫厅的窗口上就贴满了嫌疑犯的玉照。

过了秘鲁这关卡，游客得走上山，越过半圆形的石框门，就到达玻利维亚了。那时很兴奋地告诉自己：“我终于到了，这里就是玻利维亚了，我的努力和坚持带来成果了！”在玻利维亚的关卡，官员虽然看到我的签证，还是跟我

晴朗的天气，雪白的山头，比我在阿曼塔尼岛看到的她大方了许多

围绕着的的喀喀湖的山上，一群羊在吃草

讨了护照影印本盖章，留下为证，还好我是有备而来。

当巴士快要驶入COPACABANA的时候，跟车向我们讨了1玻利维亚币为入境费（平均1美元兑7.85玻利维亚币，边境的兑换率不高，只是7.7，拉巴斯则有7.9）然后，一副没什么大不了的样子通知我们，今天没有巴士进拉巴斯，可能明天，可能后天，可能大后天，要看示威封路的情况何时结束。起初前座的人没给我翻译之前，我看他那副样子，真的想不到他会说，我们是滞留在这个湖边城镇。天啊，这下子，不是让同事们说中，要我这个前记者来个玻利维亚现场直击报道吧？就连这十分之一的机会，我也碰上了。老实说，前几个月，玻利维亚也经历了几次的示威行动，所以，这是家常便饭。后来有导游告诉我，政府在1989年将国内主要资源的经营权交给欧美跨国企业之后，不少国内高材生的工作机会减少，工资鸿沟扩大，人民贫富鸿沟更不需多说，这些变化导致大家开始以示威抗议表达心中不满，更曾经有总统在示威抗议的压力中下台。

结果，能够做什么呢？就只好在巴士公司同座的旅馆租下房间，发电邮、拨电话给拉巴斯的旅行社，看看能否在明天赶得上行程，因为我原定是得在拉巴斯待两个晚上，现在少一个晚上，应该不会太糟吧，而且说不定下午巴士会开。

另一边厢的FABIOLA和帮了我很多忙的旅行社老板娘也很紧张。基于示威已经在前一晚开始酝酿，她有预感巴士是进不了拉巴斯，她拨电话到巴士公司找不着我，也开始担心，而我则是午餐前后给她发电邮，互等回复。起初我并不紧张，还逍遥的走在街上，去看教堂，去找洗衣店，但是，她的答复，却让我紧张起来，她叮嘱我无论如何也得搭乘迷你巴士到拉巴斯，因为有关的僵持局面可能今天还不能明朗化（政府和示威者之间还是无法达成协议），恐怕大型巴士明天还是不会成行，而且再等两天，我接下来的两趟内陆飞行可能要赔钱。还好当时洗衣店没开，我没把衣物拿去洗，少了丢了衣服的烦恼，可以专心张罗如何解决眼前的问题。

不久后，酒店的对街来了一辆迷你巴士，可是，车上站满了人，我身上没带行李怎么去抢位子呢？后来留意到酒店的街角，有几个人在等待和讨论，好像是随时准备上路，我当然是上前打听。我因此知道他们想要搭出租车，正在找人凑足搭客和寻找价钱合宜的出租车。我也从他们口中得知拉巴斯司机是不满保费倍数高涨才举行示威，而且听说出租车司机知道怎么避开这些示威的范围，下午出发的话，能够在凌晨时分到达。这么一来，我的勇气也来了，就马上叫KENT将我计算在内，然后拨电话给FABIOLA，向她证实搭出租车的安全性以后，随即退房，奔向已经在等待的出租车。妈呀！我竟然忘了我身处海拔3850米的高原，那3分钟，身上至少有23公斤行李的我，如此的奔走，到了出租车旁是气喘如牛，最要命的是心跳快得几乎要死去！当时只能叫自己冷静，大口的呼吸，让呼吸顺下来，让心跳减速。那是我第一次在死神面前挣扎的恐怖经历，当时真的担心自己真的就这样离开人间！

心定下来后，开始在车里跟KENT聊，知道他今天非得跟身在拉巴斯的妻子会合，这之前，他是自己一个人留在秘鲁学西班牙语两周。一路上，也是他给我作翻译。SOHO一族的他们在南美洲已经待了4个月！这不算多，来到南美洲，当你要问他人在这里逗留多久，不是用天数或周数，一定要用月份，6个月以上的人，大有人在。坐在前面的哥伦比亚男人不谙英语，所以我们无法交流，但是，我一直会记住，在拉巴斯，我欠了他一个人情，因为他帮我和KENT出短程

依然是的的喀喀湖

出租车的车费，而我只能微笑的道别这位共赴患难的旅人。

往拉巴斯沿途的风景依然迷人，的的喀喀湖还是出现眼前，还多了更为靠近的雪山，很贴心的KENT还主动往后靠，方便我拍照，出门遇好人是最高兴不过的事情。陶醉在自然美景的我，完全忘记示威对旅程所造成的影响。

傍晚6点20分，我们还在离拉巴斯95公里的路上，以5分钟5公里的速度行驶，主要是这里两旁都有村庄，小孩、老人和动物随时会在路旁走动或越过马路，因此，时速受到限制。

心中高兴的以为8点左右应该可以到达拉巴斯，还可赶上玻利维亚的第一顿晚餐，谁晓得才刚刚在打如意算盘，就看到前面停着一辆出租车，一个日本人、一个美国人、一个瑞典人和一个以色列人就站在路边等候。还以为是他们的车子出状况，原来是前方有路障，连我们也得停下等待。当时也没人可以确定何时能通关，只看到几辆经过的车子，到了前方，吃了闭门羹都掉头。

无聊的我们在布满星空的黑夜，像联合国成员会面一样聊了起来，他们在喝啤酒的同时，美国人还兴致勃勃的拿了录像机，拍下我们在冷风中解决玻利维亚示威问题的联合国专属会议，说要寄给

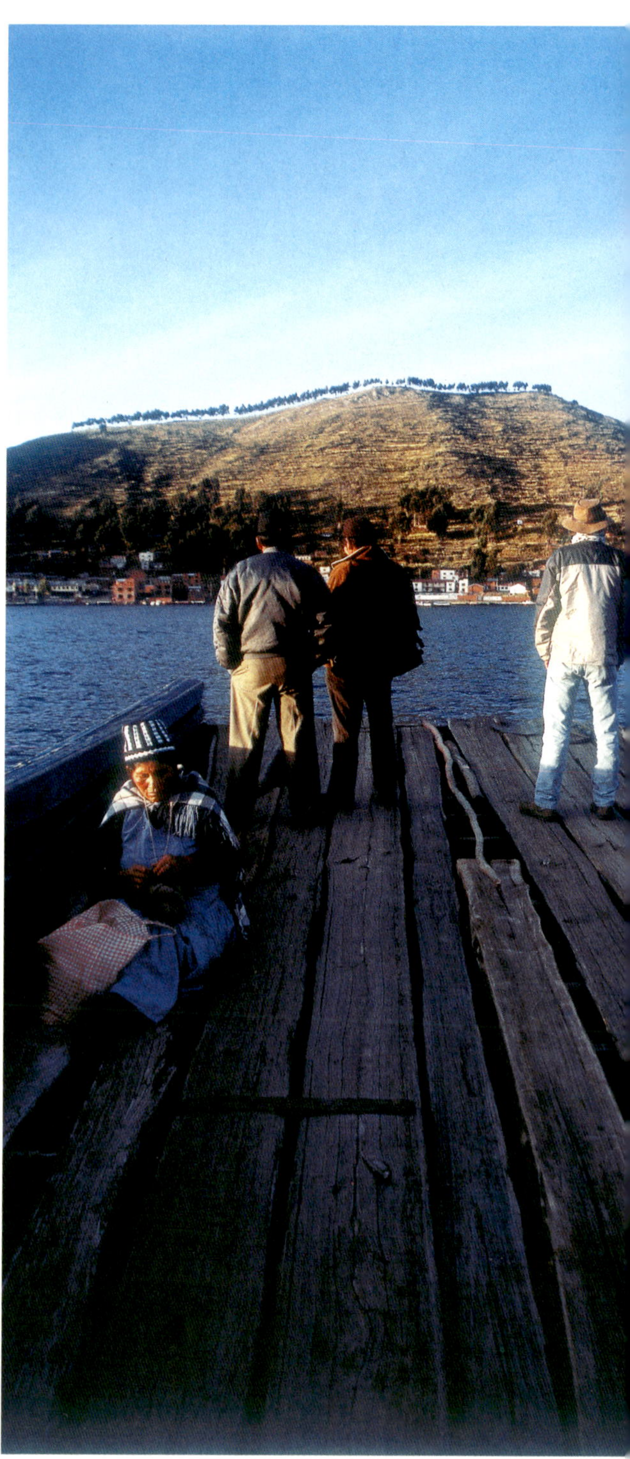

在Taquina乘坐只能运载一辆巴士的小型渡轮越过对岸，好喜欢对面树木整齐排列的山头。最右边的就是来自哥伦比亚的同学

DISCOVERY CHANNEL。但是他忘了打灯，什么画面也没有，不过，却留住了谈话的声音。他肯定知道哪个是我的声音，因为7个旅人，加上司机和跟车共10人当中，我是唯一的女生。我对美国人说，我不晓得自己是不是做了对的选择，一个女生是不是太冒险，他却乐观的笑说，我们都是赶路的人，都是预先付了旅费，明天早上要跟其他团友会合上路，没有什么对或错，与其留在COPACABANA焦急的等，不如就见一步走一步。事实上，我也是这么认为。

等啊等的，只能以水果乳酪干粮充饥的我，终于听到KENT翻译司机的话语，司机向我们报告说，等设路障的人喝醉，天冷地冻的时候，他们一回家，我们就可以上路了。我还奇怪，难道设路障的军士，执行任务时还可以喝酒，可能是御寒吧？

启程之前，司机忙着将车顶的出租车牌拆下，可能要冒充平民通关，不想让他们知道我们是游客吧？这一拆，可是费时半小时，帮忙提灯照明的KENT在外头也冷得僵硬了，我这个弱女子只能在车中避寒。

一切搞定以后，司机向我们分别讨了15玻利维亚币才上路，不曾在大马贿赂警察的我，那时也别无选择。

第一关，有一辆停放在路旁的车子闪灯示意我们停下，真的看到醉酒的几个男人走过来。有个穿着军装，连脸也包得只剩下两只眼睛，很像恐怖分子。当他们驱前到前面那辆出租车窗探个究竟的时候，我赶紧低着头，不敢望过去，之前也把长发藏起来，不想他们看到我是个女子。还好正值寒冷的深秋，我也包得像粽子，黑暗当中跟男子没什么两样，况且南美洲的男人个子也不大，正好可以掩饰身份。司机这时连忙下车，将我们的“捐款”往其中一个人的手里塞。第一关，总算过了，好险！但是前头还有多少的路障呢？谁来告诉我？

才行驶不到10分钟，突然，前面的司机又刹车，而在它前头，为我们探路的_哩当然也停了，更挡住我的视线。当时我以为是路障未开，大家只能困在车龙中排队。除了司机以外，我们谁也不想下车，那时我的双脚已经冷到有点麻木了，心想如果这个路障几个小时以后才开，我将会全身僵硬成什么样子，更可怜的是，身边连一个可以取暖的对象都没有！其实，在秘鲁和玻利维亚搭乘的出租车，都是开着窗子行驶，暖气更是免谈，所以6点半以前，我们都是吹着寒风一路走过来的。

向KENT求证，我才知道不是军人因为要保障大家的安全，不让外人进入拉巴斯才设路障；我早上在电视新闻看到一位军人站在路障旁边，看来是以防万一，在旁观察而已；真正的故事是，不满政府调高保费的群众，或横或直的在马路上摆放了很多比拳头还要大的石头，阻碍车子经过，造成大家滞留。这下我可担心了，心里真的希望如司机所说的，他们早点“收工”回家，明天再罢工示威吧！我跟你们无怨无仇，就饶了我吧！

等待的当儿，时间变得好漫长，半个小时以后，司机开车了。没多久突然看到一个男子追着前面的出租车，把行驶中的出租车车门打开，车子没停，他也拉着门跟着跑，直到跌倒在地。这下子我可紧张了，是不是闹出人命了？两辆车子这时都停了下来并且关上车灯；我们的司机往前跑去，跌倒的男子也终于爬起来，往同样的方向去。当时前方较暗，我无法看到发生什么事，心里好慌，很担心大家会不会围殴两个司机报仇，我们会不会因此在警局或狱中过夜，会被扣留吗？我的旅程是不是会泡汤等等负面的想法都一一涌现！

后来司机没事的回到车上开动引擎，但是没开灯，就这样开过去。来到灯光暗淡的建筑物前，突然两边来了两群人，围着车子两旁，使劲的敲打我们的车子，边追边打的破口大骂，慌乱中我也只是听懂拉巴斯两个字。当时，我真的很害怕，整个身子已经缩起来，下意识的远离窗口，仿佛感受到他们的拳头就落在我的身上似的。我没有叫喊，只是紧紧的握住相机背包的肩带，好久也放不开！这个恐怖的画面直到现在还是历历在目！回想起来，如果当时他们手上拿着石头攻击我们，后果真的不堪设想，还好，他们没有那么野蛮！

事后，KENT两次问一直保持沉默，但是惊吓过度导致身子相当僵硬的我：“Are you ok？”我都很冷静地说：“I am fine。”那时我曾问自己，我怎么会让自己陷入这样的困境，我的玻利维亚之行就是这么可怕的吗？我当时有个念头就是要逃离这个国家！但是，我到了这个地步，已经没有回头路可走，只能撑下去。我很坦白的告诉KENT，到了拉巴斯，我跟他到他住的旅客拨电话叫老板娘来接我，我不敢一个人在城市搭乘出租车，因为我对玻利维亚的印象糟透了，她带给我的只是恐慌与不安。

接下来，我们在无心欣赏的星空下，看到的是一个又一个没有人看守的路障，司机都很小心的绕过去。他们只是用石头阻碍单程路，另一边可能就是示威群众站岗，来个人肉路障吧！每经过一个路障，我都感到心悸，因为还未到达拉巴斯以前，没有人知道前面还有多少的难关等着我们。

过了大概10个类似的路障，两位司机，尾随一辆公共巴士拐入旁边的沙地，说是避开前头的路障。谁料到，才拐进去不久，两个男子示意我们停车，带着苛责的口吻质问司机们，不过，他们还是接受贿赂这一套，放我们一马。这个折腾，让我们跟丢了前头的巴士，又是绕错路，沙地又处处是坑洼，真担心会爆胎或陷入坑洼无法走动。几经波折，终于看到街灯，看到村落，看到晚上11点还有不少人走在街上的拉巴斯郊外，终于可以松一口气了。

我们的司机驶入大道之后，跟前面的出租车分散了，司机要了60美元以后（事前谈的是50美元，但是看他那么尽责，我们就当是小费好了），他才告诉我们，他不熟悉拉巴斯的街道，执意要在拐弯处给我们找城市出租车送我们到旅馆，也不管他停的位置有多危险，不管我们在车厢拿行李的时候是冒着多大的生命危险。

在他的坚持下，另一辆出租车将我们带到KENT的旅馆。SUZANE看到KENT的时候，是那么的激动和释怀，而我的老板娘正好曾经在这家旅馆工作过，和接待生在电话聊过以后，我就下榻同样的旅馆。谢天谢地，今晚的噩梦终于结束了！SUZANE之后还带我和KENT步行到附近的HARDROCK去吃八零吉的素食汉堡包，而且我们发现，拉巴斯市民的生活一切正常，不像发生什么大事。经过第二天的深入了解，出问题的原来是进出拉巴斯的一些道路，只要是旅游大道，他们都设路障，可能是要打击旅游业，让政府乖乖就范吧！两天后，政府收回了将保费从原本80美元调高至500美元的措施。也因为示威者的阻挠，我错过了到TIAHUANACO，看看公元前100年崛起，横跨1500年皇朝所留下的古迹：宏伟城堡和神秘的太阳门。这个比印加历史还要早的皇朝，长久以来都是玻利维亚人的骄傲，却是我的另一个遗憾。之后，我是搭乘飞机离开拉巴斯到苏克雷（SUCRE），所以是摆脱了任何路障的梦魇！

我的恩人KENT把冬帽给换上，这就是我们的计程车

酒后驾驶的司机走在宽阔的盐湖上

同一个旅行社的司机等待Andrea给他们施舍汽油

到盐湖之前，拜访火车坟场中退休的车头

玻利维亚吸引我的还有它那全球最大，海拔最高的盐湖： SALAR DE UYUNI。

很想看工人是怎样把出土的盐制成不同的成品，很可惜只是在盐湖的入境小镇COLCHANI看到用盐制好的手信。而且我们那位只会说西班牙语的司机兼“导游”，ANDREA对摄影构图没什么研究，不仅没有停在工人工作的地方，连停下来让我们拍照的地点，也错过了映在盐湖的山脉倒影。三天的行程里，他总是要避开其他的车队，也老是要我走回头路去找我要的角度。更矛盾的是，他喜欢跑在大家的前头，所以我一方面可以在人潮到来以前拍照，另一方面却得很快的逃离现场。我也拿他没辙，第一，我不懂西班牙语，沟通不来；第二，我是唯一迷恋摄影的人，不能拖累他人。给我做翻译的是3位同样在COPACABANA面对滞留命运的美国学术交换生，世界真的很小，我们竟然有缘再聚，还在多天后结伴同行。但是，他们可是经历几翻折腾，先回秘鲁，入境智利才来到玻利维亚，错过了所有我在玻利维亚前5天的精彩体验。

在玻利维亚，母亲节是落在5月的最后一个星期天，ANDREA兴致勃勃的带了蛋糕给打理盐湖宿舍的干妈，3位交流生还不断地讨她的欢心，又给她戴墨镜，又给她随身听，心情是非常的愉快。谁料到，我们在盐湖中的绿洲，FISH ISLAND 逗留两个小时以后，他们发现司机在这个普天同庆的佳节喝了酒，双眼有红丝，嘴里有酒味，紧张了起来。可能是我所遇到的美国人都是过于谨慎的缘故，我会觉得他们有些小题大做。这种情况之下，他们竟然在司机开车的时候审问他，说要他马上停车，换LUCAS来开。结果ANDREA否认醉酒之际，也因为4个美国人怀疑他14年的驾驶经验和对他投不信任票而感到愤怒，不客气地说了好多我听不懂的话。

说句公道话，他是喝了些酒，但是，我们可是行驶在总面积达到12000平方公里的盐湖上，两边都看不到边界，我们当天可是花了几个小时才走完整个盐湖，而且车子也没有左右摇晃，这样的担心，是有点杞人忧天，加上两旁也没有其他的四轮驱动车，意外的几率是等于零。坦白说，坐在他身旁的我，在大马也有少许乘坐四轮驱动车的经验，看得出他是一个很棒的司机，而且最后离开盐湖进入沙石路的时候，他在强烈的逆光中，还能够预知哪里有窟窿，何时该换挡。

结果，他的反弹令大家吓了一跳，大伙反而担心他会丢下我们在白茫茫的盐湖中，扬尘而去。我只好说出自己曾在的的喀喀湖，自己驾驶船只1个半小时的经验，好让大家相信在这里，我们也如同汪洋中的一条船，还是安全的。大家也同意不再激怒他，马上转话题，再给他随身听降火，终于安全的把我们送到湖边的宿舍。而且，后来他们也发现，车后有些摇晃是因为车子在爆胎后仍旧行走，平展的道路上感觉不到爆胎，因此错怪了司机。看着ANDREA非常利落的换轮胎，对他之前的遭遇着实感到抱歉。而且，他换轮胎的同时，我们还看到彩虹颜色的夕阳，是意外收获啊！

Colchani小镇摆卖的各种盐制品

这就是工人较早前堆积起来的盐

Haru跟我一样兴奋的弄湿了鞋，到积水的地方拍盐堆的倒影

声名远扬的盐湖酒店。朋友发电邮告诉我，Discovery Travel & Living也在同一天介绍这个地方

这一滩水应该不是酒店的游泳池吧？也没打听它的用途

玻利维亚的国旗飘扬，盐湖中的绿洲，仙人掌岛

是的，这就是Hotel De Sal Playa Blanca室内用盐做的家具

萍水相逢的2男4女共度了欢乐的3天，旁听的Andrea在准备第一顿午餐

干裂的盐湖地面，仙人掌有着强大的生命力

很难想象宽12000平方公里的盐湖中有着神奇的绿洲

比两个人还高的仙人掌，好茁壮

Esther最终还是如愿的看到这片绿洲的活宝一野兔

Andrea换轮胎的时候，Naomi突然发现这片彩虹的天空

苦中作乐的煎熬篇

Some suffering in SA

Miraflores Cuzco Lares Valley Trek
Amantani Taquile Santiago

利马步行热身操，只为走更长远的路

风趣，好玩和乐观的MAGGIE曾经在秘鲁笑说过会臭骂我三年，不为什么，只因我们在秘鲁两个星期走路的日子，让她吃苦了。而我虽然没有在南美洲一个月的时间内把相当于万里长城数千公里的路途走完，恐怕步行的路程也占了当中一定的百分比。

第一次让她步行是看利马市区内的一个古迹，很自豪的从位于SAN ISIDRO的大使馆，成功以每人1.2SOLES搭乘迷你巴士到游客聚集的MIRAFLORE之后，我开始折磨MAGGIE了。旅游咨询柜台小姐以半咸淡的英语为我们介绍一轮后，我决定走个3乘7个BLOCK，去印加皇朝崛起以前就出现的HUACAPUCLLANA城镇见识见识。在南美洲，路程的计算单位就是BLOCK，所谓的BLOCK就是一个街口，长短看你的运气，如果两个街口之间只有两幢建筑物，那你算幸运，要是30间以上，那就恭喜你，因为运动的范围更大了。只能说，第一次的热身，路途真的不短，但却造就了我在其他南美洲国家步行的毅力。

在大使馆掌门人的协助下，我们搭乘19号巴士，欢喜的来到Miraflores

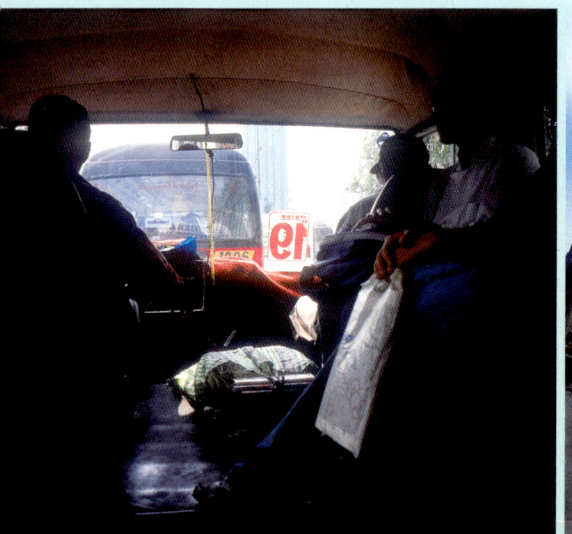

坐落在Parque Kennedy旁的天主教堂

Huaca Pucllana除了扁平的金字塔，就是这些遗留下来的墙壁

Maggie对橙汁情有独钟，我却喜欢杂果的浓郁味道

其实这个扁长“金字塔”，象征雨神造型的古迹，左看右看都是砖头横直排列的结晶品，当然比南美洲三大文明古城遗址马丘比丘逊色很多，跟我们步行到此所付出的劳力，有点不成正比，不过，听那位非常向往到大马旅游的讲述员的描述，千年以前这里还结合了广场，祭祀场等壮观的场合，统治者就在金字塔的高岗上观看这一切，千年后的今天，看着废墟，只能凭空想像了。

走出这个古迹，我们在中餐馆遇上以为我们是来跳飞机的广东籍老板娘。好悲哀哦，难道华人就只能来这里跳飞机吗？

饭后，由于手中没有利马的交通手册，我们走访了可以杀半价的印加市场之后，就开始有点迷路了，只怪自己功课没做足，胆量和信心过人。我们试图寻找对的方向和对的迷你巴士回到我们居住的旧区。问过跟车知道走错方向，也问过在修车厂工作，略懂英语的女执行员，结果她说，巴士会停在相当杂乱的地区，还得步行几条街才可到达旅馆，有点担心我们安全。在她的劝解之下，我们只好结束5个小时的步行，不去找巴士，搭乘出租车回旧区。但是我们还是在这几个小时的路途中，开始迷恋上秘鲁的果汁，这也是我们一生中果汁喝得最多的时期，价钱公道不在话下，真才实料才是关键。

海拔3400米古建筑旅馆的要命台阶

折腾了一夜，还有点力气把巴士窗外早晨的云海拍下

我给MAGGIE的培训当然不仅是这些，这次还加上高山反应。说起来，有点像把自己的痛苦也建立在他人身上的感觉。从秘鲁纳斯卡(NASCA)到库斯科（CUZCO），历时13小时。虽然有巴士少爷照料我们的晚餐与早餐，但是坐在双层巴士上层的我们，在山路迂回曲折的巴士旅程中头疼兼作呕，也不知道是不是应该质疑出发前的那碟秘鲁传统柠檬腌生鱼片（CEVICHE）的新鲜度，总之，整个旅途我只要是坐着，腹中的食物就一直有通过口腔解放的倾向。幸好，当时车上人数不多，找到两个空座位，弯曲着身子睡在椅子上，才没有狼狈的吐出来，这样忍耐着，熬了一个睡不好的夜晚，舟车劳顿来到海拔平均3400米的库斯科。

库斯科在15世纪，印加帝国鼎盛时期曾是政治、经济、宗教和军事的中心据点，也是现今通往马丘比丘的主要城镇。导游曾经告诉我，风光时期的皇帝在全国各地都有跑腿/挑夫，以接力方式行走古道，运输各种帝皇所需的物品到这里，吃的、用的、穿的都有，听起来生活非常的奢侈。从智利海边来的鱼，是用一种高山生长的薄荷保鲜，送到这里，真的很神奇。

现在每年的冬至或6月22日到26日之间，库斯科都吸引了全国和全球各地慕名而来的游客，到城北的萨克希沃玛要塞，参加一年一度庄重而神圣的印加传统太阳祭，而我为了避开拥挤的旅游旺季，只能舍弃这个庆典，保留着她在我心目中的神秘感！

已经不舒服的MAGGIE，在库斯科看着出租车绕上山头，知道我们的旅馆可以傲视全镇后，差点没加重她的高山反应。结果，每次我们要到市区或回到旅馆，都得先上山坡，然后爬上接近150个台阶。其实除了风景好，特别是夜景以外，我们对于这个讲英语老外聚集的旅馆没有半点好感，总有被他们瞧不起的感觉，雇用的柜台服务员态度也差，房间是一拖再拖也无法 CHECK IN！当初会被吸引是因为4个爱尔兰男子把这座有450年历史的建筑买下，扛起保护古建筑的使命，这种精神让我非常的赞赏，但是，最终却苦了我们自己！

这里只是半山，得爬上后头更多的台阶才能抵达旅馆

这就是爬台阶的收获，旅馆的餐厅可以俯瞰整个库斯科镇

中心广场曾经是印加帝国宫殿的所在地，被西班牙人改头换面后，宫殿也跟随历史的洪流消失无踪

这是位于Nasca的印加古道，是在沙漠地带，这条路让我相信了印加古道长33000公里的事实，因为Nasca到库斯科的车程费时13个小时

不甘心被葬在海拔4400米的高岗上

据了解，考古学家发现连接库斯科和马丘比丘的印加古道是一条结合了运输、军事要塞、祭祀、务农、粮食和资源调动与储备功能的主要大道。当时印加帝国的版图，包括整个秘鲁、玻利维亚、厄瓜多尔南部和智利北部，印加古道则是全长33000公里！令人钦佩的是，当时并没有交通工具，尽是靠人力劳动。

在21世纪的今天，通往马丘比丘的印加古道却成了徒步登山者的4天3夜“朝圣道”。每年的深秋和冬天（5月至9月），雨季结束后，印加古道的登山团都是爆满的，甚至必须在至少9个月到1年前订位。由于此行是我出发前的两个月才决定的，两个人也没训练，我别无选择，只能选择难度较低，但是需要征服更高顶点(PASS)的LARES VALLEY TREK。这条路线因为得经过LARES村庄和山谷而得此名。选择它的另一个理由是因为传统的印加古道登山团会看到比较多的哨卡和军事要塞遗址，反而比较少近距离接触村庄的生活，所以，我相信这段路可以拍到更多精彩的画面。

6点钟乘着小型货车，我们往CALCA小镇出发，用过早餐以后，再开往TOTORA CANYON前的农庄，来个登山热身。原本导游建议我们只是来回一个小时行走在海拔3000米以下的小径，然后回到车上，坐车去洗温泉，但是，我倒觉得我们适应高山徒步更为重要，否则次日跨越4400米的时候，可能会更辛苦。两位分别来自英国和爱尔兰的男生都没有异议，就这样我背着5公斤重的背包，从平路的村庄走向峡谷，再一步一步登上只有高山牧草，完全没有树林，海拔4200米的山间。

天啊，由于自己这次的登山训练不足(爬神山的时候是训练了几乎9个月)，而出发前的最后两天，我连续两个凌晨4点钟爬起来和不太负责任，而且非要等到最后几天才回复电邮的旅行社作最后的交涉，影响了睡眠，加上之前到库斯科又舟车劳顿，待在库斯科一天的时间不足以完全适应高山反应，还有相机背包不轻等等的因素，一路走去，心跳不断加速，古柯叶(COCCA)又发挥不了维持心律，保持精力旺盛的作用，我和MAGGIE只能走一段，休息一会儿，凭着毅力让自己撑下去，结果被同行的两位男生瞧不起。记忆最深刻也最气愤的一句就是那位名叫OWEN，在南美洲待了半年的爱尔兰男生说："放心，我们会在山上给你举行风光的葬礼。"说罢又快速的不见人影。不等我们已经不打紧了，干嘛要这样落井下石，他的大男人和自大真的让人吃不消。这样的一句话，更增添了我的毅力，非要证明自己熬得过不可！

结果，这样的停停走走，我们比预定的时间迟了一个小时，可以驾驶到山上的司机已经准备好午餐让我们享用，洗温泉是免谈了。两个男人还是很有风度的等我们到了才一起用餐。没有胃口的我只是喝了点汤，吃了少许的饭和巧克力甜品补充体力，也不记得还有什么菜肴，只是知道自己很不舒服，还没摆脱高山反应。更可能被腌生鱼片破坏的肠胃到这个时候都还是没有强化过来吧！

更倒霉的是，一组电池在3个小时的寒冷跋涉中，壮烈牺牲；另一组应该是充电的时候，插头松了，完全没有电能。最后只剩下第3组电池，也是剩下半条命，正担心他能不能挨过次日。

下午3点的那一段跋涉，原本已经有心里准备要再受苦，必须全力以赴的我们，被劝说不要一直停留，否则可能赶不上在天黑以前到达扎营的地方。后来司机又改变主意说要助我们一臂之力，载我们上山，省了我们一小时的徒步，真的万分感激他的贴心。但是，我却只能看着巴士路过热闹的LARES村寨，不能按下快门，可惜之余，只好告诉自己，摄影固然重要，生命更可贵。

当时天色看起来也不太妙，仿佛在酝酿着一场大雨。小型货车过了一条小溪以后，不能再前进了，我们以小费和衷心的感谢送别了司机。谁料，又出状况了，车子前轮竟陷入小溪的石缝间。挑夫、马夫、导游还有两位男生只好用尽多种方式努力让车子脱困。这样又折腾了半个小时之久，间接连累了司机的我，感到很抱歉。

结果，我们是4点钟才启程，而且这次的路途比前一段辛苦，都是上山坡，终点是海拔3700米的营地。即使比起神山，这里是小巫见大巫，我和MAGGIE还是因为心律的问题，走得很吃力，前面的男生，甚至是导游也没有理会我们。路途上，我终于把该吐的都吐出来了，减轻了我的痛苦，希望这样不舒服的高山反应快点结束。

后来等得不耐烦的OWEN，终于开口说要帮我们背包包了，因为他说包包是很大的累赘，所以要帮忙减轻我们的负担。虽然我有过让人背相机袋，相机被损坏的经验，但是，他们的担心也不由得我坚持下去，因为天色真的不允许我们再拖延，而且唯一有人烟的地方，就是我们扎营的地方。

1 山谷那头的废墟曾经是印加粮仓和供应站（位于海拔3000米以下）
2 除了推车，大家尝试加重车后的重量，希望让这辆小型货车摆脱困境
3 这里就是我们热身的4000米高山，心跳快得自己也没什么力气去拍照，连天气也不妙
4 这是全程唯一拍到的收割情景，遗憾的是，穿着传统衣物的妇女躲在山坡下烹煮午餐

没有了身上的任何束缚，真的快了很多，但是久了还是赶不上男生们的脚步，而且为了不让我们歇息太久，他们总会在我们赶到的时候立刻上路，当然，我们不是笨的，还是会在半路歇息，让他们在前头先等，不然怎么抵得住心跳加速的负面效应，生命可是自己的，怎么可能跟自己的生命开玩笑!

小孩的爸忙着协助车子脱困，希望能帮忙扛一些扎营的所需品上山，赚取一些生活费

深秋的太阳西下得早，也因为今天一直出状况，夜幕低垂的时候，我们最终还是得用手电筒照明，不过，这个时候已经来到没有电流供应的村庄，只是扎营的地方却比别人远了一些。虽然看着别人可以在帐篷内取暖，自己也心急着快点结束今日的煎熬，但是，往好的方面看，今天多走一段路，意味着明天的路途也会相对的减少。

7点钟，终于看到我们的营地和扎好的“寝室”和厨房兼饭厅。由于我中午胃口不好，吃得少，这时肚子也开始闹革命了，热腾腾的晚餐摆在眼前的时候倒是非常的开胃，特别那一碗热汤，还是驱走寒冷的救命恩人。

更小的婴儿肚子饿了，妈妈在哺乳

走出帐篷，满天的星辰仿佛在为我今天的毅力喝彩!好想好好的观星，但是，没有带观星图，也抵御不了凛冽的寒风，还是打消念头早点歇息好了。我更下定决心，今晚一定要睡眠充足，明天务必要摆脱高山反应。因为5年前在西藏高原的经验告诉我，睡眠充足才得以免受高山症的困扰。

相机失灵，精彩题材尽失的毕生遗憾

早上6点，挑夫到帐篷给我们送来暖暖的古柯叶茶，还有每人一小盆洗脸的热水，打开营帐小门之际，发现太阳刚好照在山头，拿起相机，赶快把电池放好，兴奋的拍下了几张记录营地的照片。一直看着阳光不断的伸展，有说不出的喜悦，但是，谁料到，当睡醒的小女孩们跑到我们的帐篷前，刚好有阳光照射到他们的脸蛋的时候，我的相机出现了ERR三个我极度不想看到的字眼。真的没想到，相机也患上高山症！曾经因为在神山出状况而有所担心的我，这次带了后备相机，但是，令我伤心欲绝的是，另一部也送了我同样三个字，可能是背包放在仅仅一层厚的尼龙布上，着地12小时着凉了！这个惨痛的经验让我在后来的旅途上，只要是电流供应有限，人烟稀少，海拔超过3000米的地方，她都是我同床的亲密爱人，再也不敢让她受冻了！

虽然我还是在伤心的同时耐心的等待，希望早餐后，相机能够恢复元气，但是，整个早上，还是只能看着他们3人，以傻瓜数码相机咔嚓咔嚓的拍下山中漂亮的小姑娘，还有阳光照射到屋子庭院橙黄色的照片。更心痛的是不远处雾锁村子的画面是我热衷摄影以来，没有机会碰上的美景！ 心如刀割的感觉，我懂了。

你知道吗？后来我在普诺发给好友的电邮中也提及，这个村庄里的小女孩是我在南美洲见过最漂亮的一群。你想像他们头上戴着编上花儿的帽子，一身红彤彤的造型，衬托土色的村庄、羊群和绿色的农田，好一个展现美貌的大自然舞台啊！真的，这些女孩子如果被星探发掘，大可在满18岁那年，跟委内瑞拉的世姐一竞高低。但是，矛盾的我，还是希望她们留在这里，保持那份赤子之心。

第一次，也是唯一一次那么近距离的来到安第斯山脉，我却无法全部记录下来，那种挫败感，是不是会导致我有结束旅程，回大马的消极念头呢？

可恶的是，参观典型村居也刚好选在当天。导游说，他们的房子千年来面貌不变。相当于中等公寓主人房面积的房子，集合了小小的炉灶、小小的用餐与活动空间，全家7—10口人的床铺，床下还住着怕热，经不起寒气和疾病的GUINEA PIGS。这些既是宠物，又是食物，只是在重大日子如新年、结婚才宰杀的“鼠辈”，看来命似乎比人更好。

相机出状况是改变不了的事实，跨越海拔4400米高的山头则是眼前的考验，与其让自己心情不好，不如化悲愤为力量，征服难关。也许山神一直认为，我应该专心的登山吧。虽然担心我误事的导游找了两匹马给我和MAGGIE，我还是坚持只让马夫背着派不上用场的相机（而且叮嘱他必须系好背包带和不准随处乱放）自己依然靠双脚走路。给男士们的理由是马儿摇晃，我可能更不舒服。事实上，除了担心

清早起来发现太阳慢慢的照进山谷，这一张以后，相机开始耍脾气了

骑马会令双腿疼痛以外，最主要是曾经在神山有着良好登山记录的我，怎么可能就这样认输？而且坚持到底向来都是我的座右铭。

男孩们虽然还是走得很快，留下MAGGIE和马夫来陪我，但是，告别高山症后，情况比前一天改善许多，只是需要更用力的呼吸和停下来换气，也没有像前一天那样需要频频的停歇。

每次往下望，看到村庄和耕种地，心里是一阵又一阵的心痛，只祈求相机趁我可以拍摄到这些情景的时候赶紧好起来。路上也遇上赶马群的人们，相信是上一组登山团雇用的马匹。马夫也不坐在马背上，这不是他们的习惯，严格来说，是西班牙人把马和牛带到安第斯山脉，原产于此的是美洲驼和羊驼。

4400米最后300米的路相当的陡，小部分还是岩石，由于山上雨季刚过，也稍微潮湿，走在一路上长得像苔藓夹着烂泥的草地，也得小心摔跤。

征服4400米IBSAYCOCHA顶点的时候，虽然赢得大家的掌声鼓励和肯定，但是却没有久留，因为两个已经等了超过半小时的男生早就想下山了。导游没有给我们叠石头祈福，只是在山顶用可以舒缓高山症的花露水洒在大地，代大家向大地的母亲，PACHAMAMA请安、祈福，我也诚心的希望她保佑我的相机可以恢复操作，否则为了摄影走一躺南美洲的我，不知该怎么面对接下来无法拍照的漫长的三个多星期。

午餐的地点就在IBSAYCOCHA湖的旁边，下着冰雹的中午，导游竟然告诉我，我比大部分人都早了一个小时完成这段旅程，天啊，当时表面装高兴，其实心里在痛骂两个男生，干嘛不让我在顶点多待一会儿。因为那里还不是最高处，环绕着他的还有很多的高峰，我还没来得及多看几眼，甚至多呼吸几口新鲜的空气。

因为我对男生们的“溺爱”，偶尔飘着细雨的午后，我们再度以比一般人少一个小时的纪录到达营地，导游还很惊讶我的适应能力调整得那么快。但是，他不了解的是，这多出的一个小时，如果可以拍照的话，我可是今生无悔。

那一段路，我们是走在山腰，路也只是两个脚板平放的宽度。山腰的上边是耕种地，下边也是，下午正是村民忙着务农，收割的时候。有的小孩年纪太小，就坐在旁边成了镜头的猎物。传统服装外加红彤彤的披肩(PONCHOS)和编着花儿的帽子，在这里是特别的抢眼，配着小径和绿油油的土豆耕种地的线条，是多么美丽的构图啊，而且第三天的路程已经离开海拔3000米的高山，就再也看不到这样的情

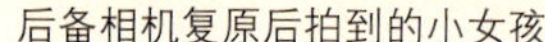
后备相机复原后拍到的小女孩

小女孩是跟随妈妈到营地兜售纪念品的

景，怎么也无法拍到这样诗情画意的景色。这一切都只能留在脑海里，无法凭着照片跟他人分享，或说服别人来这里走一趟，除了脚印，我留下的还有遗憾。试图把一架相机拿出来拍照，结果还是失望。还因为挡了我们马儿的去路，被她的屁股打了一下，还好没栽进耕种地里，成为众人的笑柄。

这里我们也看到了印加留下的AIMI睦邻制度。印加帝国时期，农民不是地主，所以，一旦到了播种、耕种和收割的时候，大家是一起到同一片田地工作，然后再到下一片。所以，流传到现在，邻居都会互相帮忙，一起收割，甚至帮忙搭建房子，没有所谓利益上或金钱上的计较，这种睦邻生活在繁华的都市，早已消逝。导游还说，这里的人家，早期是生10个小孩，除了长大后人手充足，另一个目的是疲

经过3天2夜的跋涉，第3天，我们搭乘好昂贵的火车，从Ollantaytambo到温泉镇

男孩和爸爸随团2天，小小的年纪学习当家

对他们来说，高山反应根本不存在

于照顾大小的女人不会红杏出墙！不过，现在生活较困苦，要养活大小不易，只能生5个。

虽然拍照的机会溜走了，这一程给了我很多观照自己的机会，看到自己情绪，看到自己可以如何心随念转，如何原谅，如何放下和如何活在当下，很庆幸自己懂得承担，才没有虐待MAGGIE的耳朵，听我埋怨。

阿曼塔尼的长途跋涉只为会晤PACHATATA

翻了一个山头以后，阿姨背着QUINOA快步的下山

事实上LARES TREK应该只是一个开端，因为登山以后，我们要走的山路还长得很，所以才会把MAGGIE折腾了两个星期，让她直嚷家里可以舒服的躺着看海，为什么还得跟着我受苦，不过，还是感激她带着苦中作乐的心情，陪我一起吃苦！

海拔3825米的的的喀喀湖可是全球海拔最高的可航行湖泊，也是传说中，太阳和月亮分别将自己的儿子和女儿派遣来世上拯救活在黑暗中世人的圣湖。而前面提及的曼寇和玛玛，在印加人的传说中则是他们的祖先。所以，在策划行程的时候发现，如果我们只在这个充满神秘色彩的湖泊待半天，似乎有点可惜。那个时候，从朋友的口中知道芦苇浮岛并没有提供住宿，也从书中知道，阿曼塔尼和塔姬勒岛是可以寄宿的岛屿，游客不多，所以我才很奢侈的每人付146美元，包了一艘船、一个导游和一个船夫，侍候我们3天，费用当然也包括膳食和住宿。事实上，此行最

老伯背着连根拔起的大豌豆来到我面前，让我好好的看一眼

看到相机就害羞的姐姐，裙子挺鲜艳的

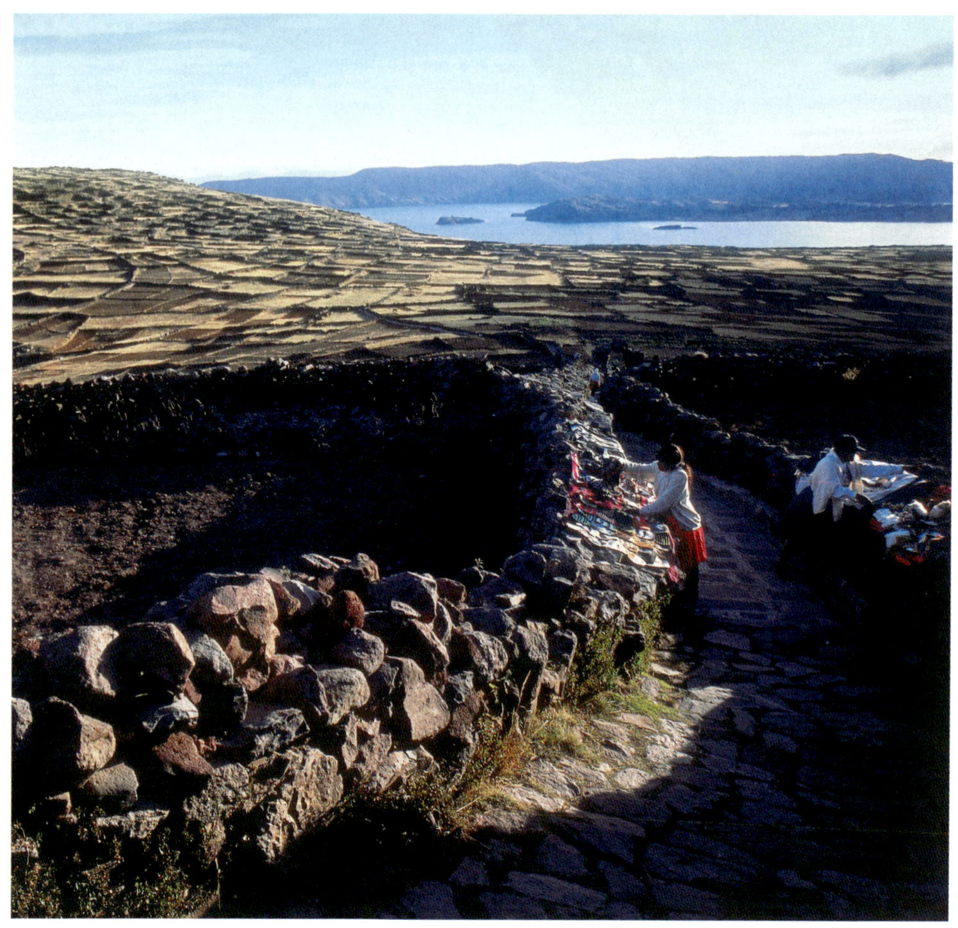

就是这些翻山越岭来到这里讨生活的妇女给了我上山的毅力

大的目的还是希望能够融入岛民的生活以及参加塔姬勒岛民的婚礼。能够亲眼见证一场南美洲的婚礼是我的一个心愿。

居住在的的喀喀湖上，说着恺切话语的恺切族，上山的快速度是毋庸置疑，但是，在这个湖深可达284米，长165公里的湖上，船夫开船的速度相比之下，确实是慢了很多。无从知道他的时速，因为没有显示器，只看到他开船用的自动排挡，跟我家的灵鹿长得一模一样，不同的是，船在行走的时候，处于后退：R的位置。说也也奇怪，好奇的我，怎么没问？不过这次2个小时又40分钟的旅程，MAGGIE却睡得很舒服，因为里里外外的座位宽敞得8个人都可以躺着睡。原来我们的奢侈，换来的是一艘里头可以坐17个人，外头甲板和顶上甲板还可多坐15个人的船，感觉自己好像印加公主出游那么的庄重！这都是出乎意料的惊喜！

来这里讨生活的妇女

越过山顶最后一个门框以后，就是Pachatata的祭坛

但是，要寄宿在阿曼塔尼岛可不简单，虽然只是带了两天衣物的行李，但是相机还是有一定的重量，下了船，我们得上山坡，走个20分钟才可到家。带了睡袋的我们才发现这个家并非想像中的传统，已经另建6间房间，成了漂亮的宿舍，背山面海。原以为要睡在铺满干草的地上，换成了拥有现代公厕的水泥旅馆，真的感到万分可惜！我可是承认自己是个爱吃苦的女生，越是淳朴的民宿，我越想住。事实上，现在的浮岛已经有芦苇草宿舍可住，小小的空间，就只够一张双人床的面积。只是国际知名的旅游书都没把最新资料编进去，害我错过在灿烂星空下于芦苇岛留宿的美好回忆！

话说在阿曼塔尼岛，午餐后我们开始启程，吃苦的时候来了。搞了大半天才知道JOSE要带我们上山头，跟PACHATATA和PACHAMAMA见面兼看日落。后者是大地的母亲，前者应该也叫大地的父亲吧？因为这一次的任务是征服海拔4300米的山头，MAGGIE走到中途就放弃了，剩下我跟JOSE两人培养感情。

靠着坚定的毅力，还有JOSE的白色谎话，我还是以2小时15分钟的时间，到达PACHATATA祭坛坐落的山顶。JOSE总爱说绕过这个山坡，前面就是平路，其实都是假的！平坦的路是昙花一现，没走多少步，又是陡直的路。我也知道他撒谎，开始的时候都不去拆穿他的好意。但是，真正激发我的是一路上遇到的妇女和老伯，他们刻苦耐劳的精神，让我感到非常的钦佩和惭愧。原来他们分到耕种的田地或者梯田，不是坐落在家的旁边，而是要绕过山头，所以每天的长途跋涉是何等的吃力！那时正是大豌豆收割的季节，他们是连根拔起，扛在身上，至少20公斤的重量，我的相机包包算得了什么？

爱惜资源的岛民，会将各种植物连根拔起是因为茎和叶晒干以后，这些都是牲畜的食粮，特别是冬天，而且，他们对动物非常的仁慈，宁愿自己扛，也不欺负他们。那时我突然想起一首儿歌——《小毛驴》。这里的毛驴坐上去，大概下场就跟歌词一样，哗啦哗啦摔得一身泥。除了农民，还有一些特地背着毛织品到山上挣钱的妇女，为了生活他们365天不辞劳苦的登山，我才那么一个下午，怎么能轻言放弃呢？

PACHATATA的祭坛是平常人不可进入的禁地，只有祭师有这个特权。想象所有村民围绕这个山头祈福的场面，应该很壮观吧。

基于云层厚的关系，我也没有留下来跟其他旅人等日落，也来不及再爬到对岸的山头，跟PACHAMAMA打招呼，乘着夕阳的余辉，与JOSE结伴回到民宿，两个人还自作聪明，改道下山，结果是走得更远。

塔姬勒
海拔4200米的婚礼

告别AMANTANI，来到塔姬勒岛，这一次，MAGGIE和我算是被骗了，因为JOSE一开始并没有让我们知道新郎的家坐落在岛屿的顶端。我们几乎是从海拔最低的地方出发，翻山越岭，从岛屿的东边到岛屿的西边去。所以即使这个岛屿只是长7公里，宽1公里，我们同样的是用了2个半小时，越过农耕地，越过岛上唯一的广场，才到达婚礼现场。但是，这场婚礼确实是我拜托旅行社给我找的，他们始终没有让我失望。

岛民的婚礼是连续进行5天，很感激新郎新娘选的好日子，让我赶在最后一天一起分享他们的喜悦。为什么是5天？JOSE说，一天在教堂举行婚礼，一天在娘家，没记错的话，3天在婆家，但是哪天在娘家，我却忘了记录，然后呢，由于他们没有度蜜月，所以欢庆5天算是蜜月，这应该是他瞎说的吧！婚礼的费用是男家父亲负责，大概是500SOLES，相当于545令吉。两三个月后，新人就得搬进自

许多小孩在这个广场拿着戴在手腕的编织品兜售

这就是一对新人了，他们胸前别了纸币，看到吗？

己的新家，新家也是延续着他们的传统睦邻制度，由村民一起盖的。

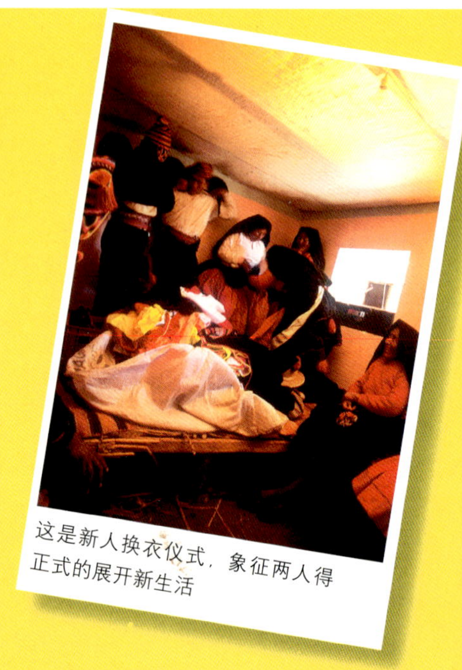
这是新人换衣仪式，象征两人得正式的展开新生活

午餐前见过了新郎新娘，帅气的新郎跟皮肤黝黑的新娘的胸前一样别了纸币，原来他们的红包是用这种方式给的，不需红包封，真环保。我们也入乡随俗，别了20SOLES。更环保的是，一身的新衣裳，脚上踩着的还是旧鞋子，JOSE当时也说不出为什么没新鞋。回到大马，我在一本2002年出版的《失落的印加》中了解到，他们的鞋子是废弃的轮胎制成的，生活的俭朴形成间接的环保，这可是一件值得赞赏的好事。

主人家很高兴看到外国来的两位女子，邀我们在午餐后，回来一起跳舞，我们当然爽快的答应。

午饭回来，他们在屋里，是3个干爹，3个干妈给新娘新郎换上新的衣裳。我们到达的时候，草席上有一大堆的衣服，新娘是已经穿上至少5层的裙子，JOSE说可以多达15条，我是有些怀疑其真实性。这些裙子都是亲妈妈给新娘缝制的嫁妆。新郎也正式的将未婚男子的帽子(未婚男子的帽子后截是白色的)，换成全红，掺杂着一些其他颜色图纹的帽子，以示告别了单身。

这个仪式结束后，是其他长辈为一对新人，像观音洒圣水的手势一样，给新人祈福。大家一起喝酒之前，干妈干爹还把古柯叶派送给部分嘉宾。由于JOSE不在身旁，所以我只能靠观察，猜测在座的人的身份。台上的人是一人一瓶啤酒，观礼的人是用一个宝特瓶的上截当酒杯饮用。要避开喝酒的我们，这时也走出屋外，等待舞会的开始。基于5天以来他们都在不停地喝酒，所以到了第5天，已经没有像华人婚宴那样，举杯畅饮的轰动场面。看得出来，这几天，大家都喝得累了。

为了让我们盛装的参加舞会，我们寄宿的主人家已经给我们各准备了一套当地的服装，一路上先由JOSE背着，不过，热情的男家也给我和MAGGIE 套上了毛衣、裙子和绑在腰部的黑色长头巾。醉酒的男士把我交给了爷爷，爷爷很不好意思的跟我跳了一会儿。妈呀，我可是在海拔4200米摇摆转圈，高山反应：喘气很快就盯上我了，卡带播出的音乐可是半个小时也没有片刻停顿的部分，真要命！当然，我也没有那个气袋，可以跳完一个卡带的播放时间，没到10分钟，我就停下喘气。

说了是特别嘉宾，当然很快又被拉去跳舞，这次是被喝醉的男子看上，头巾一直往后掉，他就把身体靠近我，几乎要抱着我才帮我把头巾拉上，还贴近我的脸，给我来个飞吻。我可是很不自在，但是，因为是客人，还是赏脸的继续跳下去，而且南美洲的人打招呼都是亲两边脸颊的，我不能说他无赖，跳了一会儿，最终是以气喘为由成功脱险。这时赶快取出相机，以忙碌拍照避开跟任何醉酒男士再次共舞的机会，后来回到“舞池”也只是跟MAGGIE，还有JOSE共舞。

我们疲于跳舞的同时，新郎新娘则忙着敬酒，对方则以古柯叶回礼，这时才知道新郎新娘是被禁止跳舞的，也不晓得是什么道理，忘了问个清楚。

这时干妈提着他们送给主人家的酒来到我们跟前，我们也无法回避，跟所有人共用同一个宝特瓶杯子，喝着从同一个小桶舀出来的酒。不过，倒是意外收获，这个褐色，用QUINOA（我把它称为小米，中国人称它南美藜）酿成的酒，喝起来甜甜的，好好喝。本来在登山时就恋上QUINOA汤和粥的我，当然会爱上这杯不起眼的饮料。错过了CUZCO的CHICHA：玉米酿的酒，尝了这口酒，也算是对自己有了个交代！

下午3点钟，跳得疲惫的我们，还得省些力气翻山越岭回到东界。告别了主人

仪式完毕之后，干爹干妈把古柯叶递了过去，只有已婚男人有这个古柯叶袋

左边的都是有名望的长老，大家很安静的喝酒

舞会开始了！
接下来我们都是这么跳的，好喘！
就是这样的蹬脚，看了有点失望！
宝特瓶盖就是新郎敬酒的杯，长老已经醉了

家，带着愉快的心情和难忘的回忆离开。

回到民宿，看到大家在厨房忙着削土豆，知道噩梦重临了，因为我太怕连续多日吃土豆，好几年前在纽西兰就得了这个恐惧感。离开岛屿之后，我发短讯给爸爸的时候，除了说想念他烧的菜以外，特别叮嘱他，回到大马，我可是3个月不要碰土豆，连ABC汤也被列入黑名单。回到大马，妈妈总爱以这个挖苦我！

一如所料，晚餐的汤是土豆，正餐也是土豆，胃口也打折了，总觉得自己对汤里的某种香料敏感，晚餐后就在厕所泻了一轮。因为没有电源，自己还得在额头上套着照明灯，亲自到外边取水冲厕所。不过，放心，厕盆是西式的，不是挖坑的！

饭后一直观察主人家，都没看见他们堆材准备营火，可是当主人带领大家到户外的时候，营火马上升起，原来他们用QUINOA干枯的茎当柴烧，再次让我看到他们珍惜资源的情况。虽然这里海拔只是3900米，但是要跳完整首曲子，可不简单。非常感谢中午的热身操，才让我在晚上，跳得更有活力。由于他们的舞步太单调了，我还自创舞步让其他人跟着跳。只知道当时有6个老外也在那里寄宿，但是没跟他们哈拉，因为将近两个星期，除了几个单字以外：GRACIAS(谢谢),HOLA(你好),BUENOS DIAS(早安),BUENOS TARDES(午安),MOMENTO(请等一等)，AGUA SIN GAS(无气矿泉水)，PESCADO(鱼)和PAPAS(土豆)，我可没学会西班牙语。恺切话倒学了两句，ALI PUN CHAI是“早安”，“傍晚好”可是非常好记，也一致成了我们3人的口头禅，因为入夜后，ALI“离线”了。JOSE就这样学会了这个广东词，常常互相戏弄对方。

营火会在晚上9点半结束，QUINOA茎全烧完了。那个晚上住的茅舍，总算有点符合我的要求，因为这次的房间没有电，得点蜡烛，屋顶是芦苇草盖的，门锁是一枚铁钉，往上移是开门，往左边推，就把门卡住了，好原始的锁门方式。早上5点半起床的时候，可以透过房间的窗口和餐厅的窗口看日出，非常写意的简朴生活。在塔姬勒的留宿可是苦中作乐篇里头最难能可贵的经验，再次祝愿岛民生活幸福美满！

到达了，JOSE上楼帮我们看房间是否已经整理好

晚上的篝火晚会，大家都跳得很尽兴

与PACHAMAMA结缘的呵护篇

她就是送我长命龟的阿姨，卖的东西是应有尽有

拉巴斯巫师市场的和蔼阿姨

认识玻利维亚巫师市场是通过小豫儿的《世界那么大》，有种莫名的感觉，就是想到这里看看真实的情况，也想跟她一样可以在充满神秘却又神圣的地方，赴一场巫师祈福之旅。这股愿力，还有不到盐湖心不死的决心，终于把我带到玻利维亚。虽然入境玻利维亚惊险连连，但是，来到这里，感觉到PACHAMAMA一直呵护着我，让我在这片土地，带着满满的收获，喜悦的离开。

其实来这以前一直都担心自己的安危。有朋友告诉我说，一位我也认识的摄影爱好者来到拉巴斯，遇上伪装导游的行骗者，然后一位警察来到他们跟前，控说两人在街上进行非法交易，结果就将两人带上出租车，说是到警局去，事实上，这3个人是在车上洗劫他。幸运的我，从开始到结束，待在玻利维亚的7天半，都没在玻利维亚遇上人心险恶的人，换来的是一个个心地善良的好人，他们就像是PACHAMAMA派来的天使，背负着保护我的使命。老实说，在4国的首都之中，出乎意料之外的，玻利维亚的两个首都，给了我最大的安全感。

拉巴斯巫师市场的典型档口，你发现了什么吗？

入境玻利维亚的第2天，见到了热心的旅行社老板娘，她的友善让我也放下了对拉巴斯的戒心。付了团费，在她的带领下，换了玻利维亚币（BOLIVIANO）以后，我正式开始一个人上街拍照的日子，当然对于应有的防备，我还是不敢松懈，只是此刻是多了一颗好想认识这个海拔3500米城

玻利维亚人都相信这些都是带来好运的吉祥物

这些美洲驼死胎有着辟邪的作用

1 穿山甲有什么特别的作用，我忘了！
2 刚好探出头跟妈妈说话的女孩
3 我相信这些跟膜拜仪式有关

这些就是我要到巫师市场寻找的祈福糖果

Pedro给我买的糖果是什么颜色，在黑夜中也无法分辨

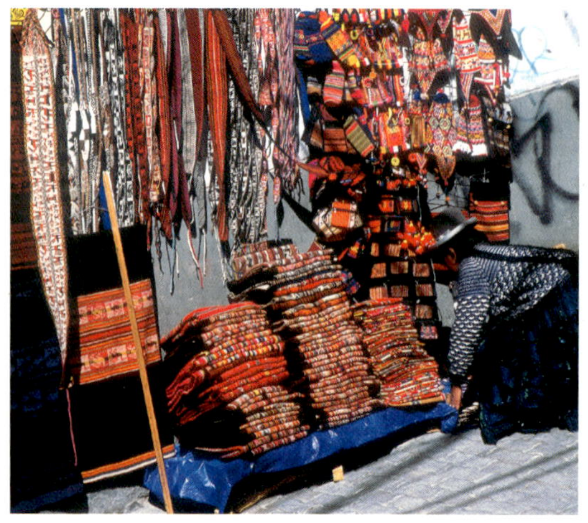
这里有售卖编织品的街道

市的好奇心，拿着相机拍摄的心情是愉快的，昨天对拉巴斯的恐惧感已经一扫而空。忘了说，这里因为白领上班族多，走在路上的帅哥也不少！

终于在拉巴斯看到期待已久的巫师市场，琳琅满目的各种祭祀、祈福的供品，还有象征各种改变人缘，改善生活的石头雕塑品与吉祥物：像驼羊代表康庄大道，龟代表长寿，猫头鹰代表好运，青蛙代表金钱等等的雕塑品，令人目不暇接，而这里最显眼的当然是动物的死胎。一只只已经脱水干枯的美洲驼被装在篮子里，或挂在木条上，等待有缘的买主。如果没有记错，人们新居入伙时会将美洲驼的死胎放在某处辟邪保平安。只是他们获取这些死胎的方式，我并不苟同。听导游说，这些是人工流产的死胎，我希望我是听错，希望都只是夭折的动物。

事实上我被巫师市场吸引的不是这些死胎，而是祈福的糖果和酒精。这些以不同造型代表事业、金钱、爱情、人缘、家庭、运气等等的糖果就是向PACHAMAMA许愿的供品。由于不谙西班牙语，也不懂阿马拉语或恺切语，早上时段无法向阿姨们购买供品和表达我要请巫师帮我祈福的意愿。下午来了半日游的导游和司机，才有了翻译员。很可惜，阿姨告诉我们，当天不是祈福的日子，要等到星期五，而且必须是在高山上举行，听后是失望，但是，还是记在心里，务必请POTOSI的导游给我完成这个心愿。

其实我早上已经跟这位阿姨见过面了，虽然还是有许多玻利维亚妇女避开镜头，怕被拍以后灵魂会离开身体，但是我在阿姨的档口，拍了好多，阿姨也没对我怎样。下午，每次她老实的说出一个价，我只是象征式的减1玻币，交易就达成了。帮阿姨买了12件的东西，都是小件的石头雕塑品，合计11.80零吉，最大的雕塑应该是象征爱情运的，祝愿自己早日找到如意郎君。付钱的时候，还笑问阿姨能不能赠送什么给我，阿姨挑了我唯一没买的长命龟给我，很窝心喔。临走前我拜托导游跟她说，祝愿她也长命百岁，好运连连，阿姨笑得好开心呢！这一天下来，我的心情也一样的愉快！

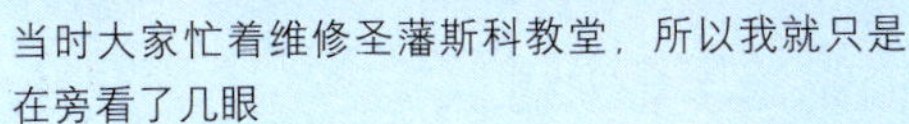

当时大家忙着维修圣藩斯科教堂，所以我就只是在旁看了几眼

热闹的拉巴斯足以让我忘记前一天的恐慌

大地母亲对我无私的疼爱

Esther和我怎么也追不上快速远去的夕阳

还记得我说过，司机在盐湖上换轮胎的时候，我们看到了彩虹颜色的天空吧？事实上车子走了没多久，就到了投宿的地方。这个位于盐湖末端的落脚处，有着适中的位置，日升日落都满足了旅人的渴望。

我和同样是一个人上路的美国女子ESTHER在一望无际的大地，尝试追逐夕阳的脚步，试图到阳光照射到的大地去拍照，但是西下的阳光跑得比我们步行的脚步还要快，最后我还是劝告ESTHER放弃追逐，停下来看看这开始暗下来的大地在夕阳余晖中的色彩变幻。非常兴奋的看到彩虹夕阳在大地母亲的呼唤下，出现在眼前，久久都没有离去，我也贪心的用了大概半卷的正片，记录着颜色的片刻转变。我记得当时我是一边拍照，口里一边念，感激PACHAMAMA，大地的母亲对我的厚爱。我知道，我在POTOSI的祈福她听到了，心中不禁敬仰起PACHAMAMA来。

处在这片大地的时候，这样的情景，这样的心情，我了解到，不管西班牙人怎么摧毁印加文明的民俗信仰，改信天主教的人们还是相信太阳神与PACHAMAMA跟守护大地是分不开的道理，还是会按传统，拜祭她们。只是西方人选择了用科学的角度去诠释太阳在季节变迁中对大地所造成的影响。事实上，印加人也很科学，因为阳光投射到印加太阳庙祭坛上的角度，就是他们测试太阳运行如何影响播种，收割等农作时期的方式，只是印加人多了一分敬仰的心，而将太阳视为主宰宇宙万物的圣灵。

这个不知名的村落，有着我毕生难忘的日落。即使我是孤单的站在那里看斜阳，却完全没有失落感

这家宿舍虽然躲在盐湖的一个荒芜角落，只有几户人家靠在湖侧生活，但是，宿舍的设备，却没有让我们失望。这里的热水澡被大家公认为玻利维亚冬天里最舒服的热水澡，因为过去几天，除了忽冷忽热的招待，我甚至在UYUNI因为没有热水而放弃沐浴。

还记得负责管理宿舍的男管家还特地拿了我小时候用的相机跟我合照，也不知过了几个团，这卷菲林才会拿去冲洗。可别误会他的动机，他只是想把第一个大马人到此一宿的记录保留下来，我也很荣幸可以代表大马这么做。叔叔很想跟我聊天，但是，只怪不争气的我，因为身边常有懂西班牙语的英国人和美国人同行，而一味依赖他人的翻译，造成我没有争取任何学习西班牙语的机会，更不用说交谈。

看了清晨6点25分的彩虹日出，会不会让你精神抖擞？

告别盐湖的第2天，该是湖光山色上场的时候了。前一天在FISH ISLAND用午餐，是PASTA加沙律，今天则是炒饭加鱿鱼，地点是选在一个不知名，诗情画意的湖泊旁。这里还住了一些粉红色鹳鸟（FLAMINGO），点缀这幅图画之余，也谋杀了我不少菲林。还记得我把相机搭上长镜，挂在日本友人HARU的脖子时，他满意这副望远镜的兴奋样子。（24岁的HARU在2月份离开东京，带着环游世界的梦想，准备在明年2月，完成心愿之后才载誉回到国土。世界上这样的人不少，但是有幸遇上一位，是一种缘分。而且他是日本人中具有绅士风度的一位，会给我们倒可乐，饭后会帮忙收拾，当然也是我复习日文的对象。）

Andrea唯一一次跟贴心的给我找到的骆马

这片沙漠里的湖泊含丰富矿物质，所以这些海拔4000米以上湖泊的颜色在一天的某个时候会因为阳光和矿物质的关系，从一些角度看来，或红或绿的成了旅游卖点。但是，司机带我们经过的时间，特别是第3天，都因为太早而错过了这些角度，唯一没错过的是，旅途上，我们总是第一个到达目的地的6人组，就连第2晚的投宿处，LAKE COLORADA，我们也是第一个报到的组合。住的房间正巧也叫PACHAMAMA。

大地母亲掌心里的湖光山色

1 在午餐的地点观看粉红色鹳鸟，是不是很写意？
2 这岩树在无情的风沙洗礼下，不知道哪一天会倒下
3 我把他称为沙漠中的动物园
4 这片结了霜的白色泥土，原来可以用来制造肥皂，这是旅游手册说的

尽管如此，保佑我的PACHAMAMA，还是让我热情的走在面积达60平方公里，有红湖之称的LAKE COLORADA，拍下许多满意的照片，忘记了海拔4278米空气中散播的冷和冬季里刺骨的寒风。最喜欢自己一个人拿着相机，有两个小时或更多的拍照时间独处，可以好好欣赏世界的大，体验世界的美。

结霜、结冰的湖面让COLORADA的湖水面积看起来小了，但是却有另一番韵味，特别是夕阳照在软软的草地上，金黄色的色泽，迷人极了。

这个晚餐，意外的有智利红酒的衬托，已经几个星期在海拔3500米以上游走的我们，已经不必担心酒精引起的高山反应，没有忌讳的互碰杯子，外面零下的气温，正需要它来取暖。LUCAS还讽刺说，为何日文没有自己的文字来称呼红酒，为何是用KATAGANA拼音。有着一双蓝色大眼睛的LUCAS可是半个日本人，妈妈是在美国出生，不会讲日文的他，只记得小时候，妈妈爱“HAYAKU，HAYAKU！”的催促他！

那个晚上很搞笑，为了避开窗边冷空气渗透的床位，加上我进房间的时间迟了，好的位子都没了，我选择了唯一的双架床的上层，大方的让男生也睡得舒服些。睡前他们还讥笑我两层厚的被，还没入睡就重得往下掉，叮嘱我半夜可别丢了。谁料到，那晚不知何故挣开眼睛的我，在整理被的时候，真的让被掉了下去。我上床要踩上NOAMI的床，下床会踩到HARU的头，在上面翻身会吵醒下层的ESTHER，心地善良的我可不能下床啊！怎么办呢？这时身上就剩下睡袋，还有睡袋底下的被，还好，睡前将一条被铺在底下，但是该怎么起床拉呢？结果稍抬起身体往睡袋下拉，拉了很久，还是半条，身体越来越冷，心里有个声音告诉自己，我将冻死在这里！我想，我在床上打哈欠也有30次。最终，可能我勉强拉被子的次数多，还是吵醒了ESTHER，她客气的问我：“你还好吧？需要帮忙吗？”这段温暖的问句，成了救命的话语，更结束了我的愚昧。

Colorada湖因为阳光、矿物质和微生物的关系，在某个时候变成红湖

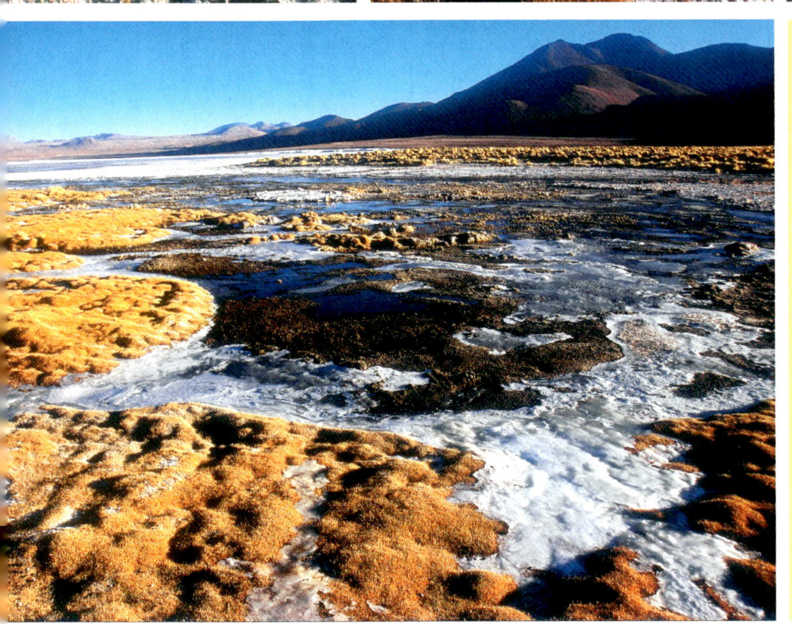

虽然没有红色的
湖水，
但是，这样的金
黄色泽不也是意
外的收获吗？

1对1、2对1的单人旅行篇

要记录的不是中间的国旗，而是右边的印第安旗，象征印第安人在国会的地位提升

跟玛利相约逛行政首都拉巴斯(LA PAZ)

由于5月是旅游淡季的尾声，在玻利维亚的日子，除了盐湖和矿场，自从拉巴斯开始，我的地方导游和司机，都是1对1或2对1的照顾我，所谓2对1，就是导游加司机；1对1就是司机兼导游。像从SUCRE到POTOSI，我可是一个人，跟着驾驶丰田COROLLA，不谙英文的司机在荒芜的山路上度过了3个小时。他非常的敬业和尽责，找不到我下榻的旅馆时，还雇用当地出租车带路，自己跟车，务必要把我安全的送到。该说我勇敢，还是说我幸运呢？但是，我还是选择相信，玻利维亚住着善良的人们。

至于正式的地方导游，一般他们只是陪我2个小时到半天，都是午餐前，或是下午2点开始。剩余的时间，都是自己凭着地图游荡，通过自己深入民间去认识每个落脚的地方，当然，这样的单人游走，也丰富了我的旅途。

从来没有想到会在拉巴斯参观博物馆，而且那么用地心看，用心地听，到今天为止，西欧因为博物馆和建筑物太多，还没有办法吸引我到那里旅游，或者应该说我的文化水平不够高尚，没有这种雅

这是3位很酷的守卫，这里停放了一位逝世总统的灵柩

丽玛尼山(Mt. Llimani)在晴朗的天气露出山头跟我打招呼
右边的足球场是海拔最高的球场，其他国家的队员最怕在这里比赛

兴。向来如果给我选择拍摄风土人情或参观博物馆，我一定选择前者，因为我总有个错误观念，老远跑到一个地方旅行，时间不多了，干嘛还得浪费时间逛博物馆。

由于TIAHUANACO大道被示威者侵占，我只能到博物馆看看TIAHUANACO和印加帝国鼎盛时期流传着什么样的文化，看看出土的器皿和饰品，特别是国王和勇士们非常霸气的饰品。后来回到马来西亚，才知道印加富丽堂皇的宫殿，太阳庙里的黄金与银饰物、祭祀器皿等都被西班牙人熔化铸造成金银条送回国内，难怪留在博物馆的仅有这些，而且我也不确定它们是仿造品，还是13—15世纪遗留下来的，真的好可惜，也庆幸自己走了一趟博物馆，看到了仅存的文物。

因为逛了博物馆，才知道玻利维亚有个惨痛的战争，他们在战争中，被智利夺走了海岸线，这一直是玻利维亚人胸口永远的痛。因为失去了海域的有利条件，玻利维亚比其他南美洲国家落后。玻利维亚也因为跟他国签订协议，将部分领土归还秘鲁和巴拉圭，阿根廷则因为看上玻利维亚的天然资源，也掠夺了一部分，玻利维亚看起来吃亏了不少，但是，玻利维亚人还是不辞劳苦的一路熬过来。

在拉巴斯这个满山都是住宅区的地方，印象最深刻的还是到南部高尚住宅区一游的经验，导游玛利带我去看一个公园，一个早上是招聘园丁、厨师、保姆和司机的地方，很多人在这里待聘，雇主就是这里的有钱人家。他们的独立式房子价值10万美元，以大马的房价来比较，说起来，这也不贵，但是，玛利在市区租房子，加水电费，也要700令吉，生活也还真不容易啊。

基于她是女导游的关系，也因为听她说当地餐馆的炸鱼、饭加薯条，价钱非常便宜，我邀了玛利一起用晚餐，事先也没说会请她吃饭。我们就这样走过了4乘3条街，来到平民餐馆，好多白领上班族都在这里用餐，生意挺好的！点了KINGFISH，导游则点了当地的鱼，上桌的时候才知道是他们的江鱼仔，应该说是湖不是江。炸得脆脆的，好爽口。只可惜，我只能不好意思的吃她碟中的两三条，同时也不想浪费自己点的食物。

只有一个长得像狗粪的土豆我怎么也吃不下，其实是他们通过天然冰冻风干等程序保存的土豆，记得导游说，可以放7年之久。回来告诉妈说，那种土豆的味道吃起来像狗粪，妈还笑我说："没吃过狗粪，你怎么知道是同一个味道？"

那一顿饭，两个人还喝了两瓶果汁，结账时是13令吉！假如我在旅游区单独用餐，至少也得付15令吉，而且只是单人份哦！

原来拉巴斯的某个角落也保留着色彩亮丽的殖民建筑

这片受保护的月亮山谷没有被夷为平地是值得庆幸的

拉巴斯人口的密集可以从满山的住宅得知

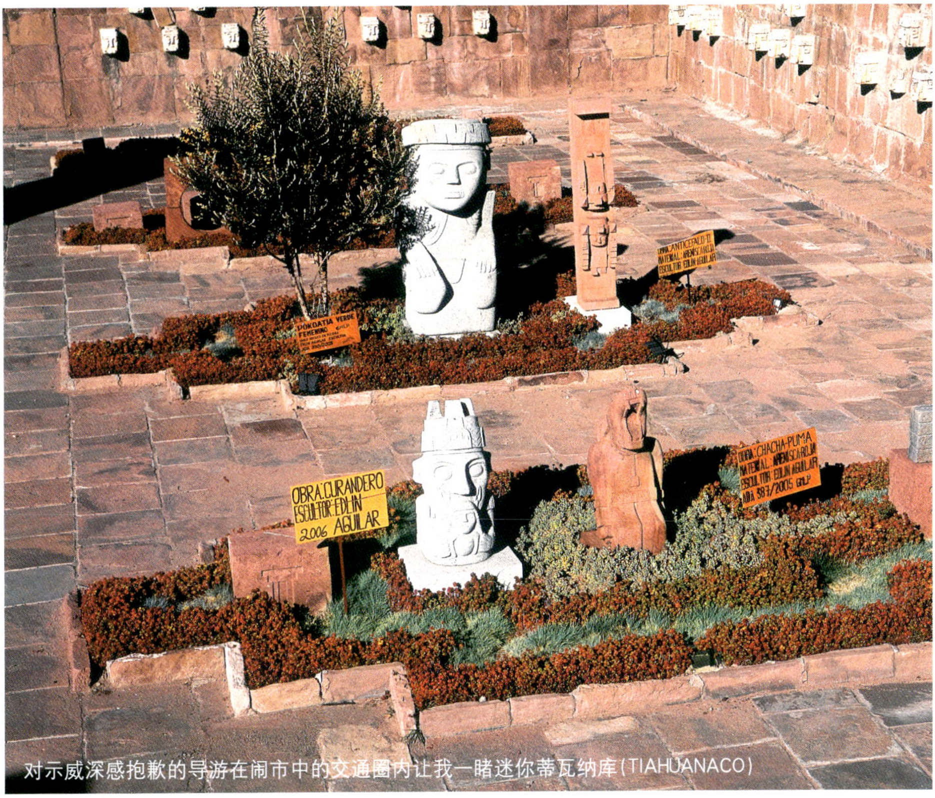

对示威深感抱歉的导游在闹市中的交通圈内让我一睹迷你蒂瓦纳库(TIAHUANACO)

在白色城市与千年老杉树的约定

苏克雷（SUCRE）散发的是一股浓浓的书香味，原来这里就有两座的大学。到机场接我的导游 PEDRO是一个刚大学毕业，讲得一口流利英语的小伙子。这个玻利维亚的白色城市有着许多殖民时期的典型教堂，所以，跟拉巴斯一样，这一趟也是文化之旅，而且收获是出乎意料的丰富。

同样的，PEDRO只是我3小时的地陪，他带我到文化博物馆MUSEO ARTE INDIGENA ，看了他5岁以前存在的蜻蜓舞造型。这个由舞者背着一个宽大的翅膀，前面挂满金属片的舞蹈，基于人民生活困苦，无心也无暇兼顾娱乐，消失了接近20年。然而，让我感动的是，PEDRO连同一群热爱文化的朋友在不久前才参与一场演出，让这个舞蹈再次复活。很高兴遇上这样一个用心维护传统文化的难得青年，希望有他的参与，更多玻利维亚的文化可以再次恢复昔日的光辉。

还有一种舞曲集合了手中的乐器，还有木屐后段的齿轮转动敲击。这种舞蹈，我肯定是跳不了，糊涂冒失的我不是割伤别人，就是伤到自己，这个使命，还是交给PEDRO去肩负吧。

SUCRE以南和以北，住着两个族群，TARABUCO和JALQ’A，有着各自不同的文化素养，不同的服装和民俗服饰，也非常的讲究颜色与搭配。前者的纺织只是采用红色和黑色，男人还是自己亲自纺织，很了不起。费时几个月才完成的纺织品是他们细腻心思的成果。一些抽象的图案里头除了表现人生的点滴、起落和正邪交锋，还透露了他们对生活的期许。只可惜这里禁止拍照，无法好好的加以记录。

山上的那座欧式教堂，LA RECOLETA仿佛将我带到300多年前的世界，通过玻璃窗，看到了传教士当年用的毛笔、油灯，他布道的用品，单人床旁边的蜡烛和盥洗盆，还有玻璃品盛的药，想像自己在看一部电影，看着传教士在房里书写文字的情景。这位隐居修道的传教士因为只是一个人住，所以离世3个月之后才被发现。

这间教堂还有一个仿照西班牙某个城镇开辟的果园，果园后面还有一棵千年老杉树，盘根了1300年。当PEDRO说往老树左边绕3圈，明年就嫁得出去的时候，正需要这种祝福的我，迫不及待要绕圈，却被PEDRO先行拦住，因为他还得解释往右绕一圈，则心想事成，不过，只能祈求一个愿望。我带着虔诚的心向左向右绕过树以后，发现我恨嫁心情的PEDRO还问我：“WHO IS THE LUCKY GUY？” 我笑说：“I HAVE NO IDEA！”。不晓得现在依然没有对象的我，是不是会在明年找到真爱呢？

PEDRO知道我爱摄影，还带我到一间只是半开放的教堂的屋顶，虽然没有站在全世界屋顶的那种夸张感觉，但是已经满足了我在高处摄影的欲望。我不仅是生平第一次走在因为排水关系而有着倾斜部分的教堂屋顶，而且还是第2次敲教堂的钟，上一回是在印度尼西亚爪哇的MALANG。每次敲钟，都得先攀爬楼梯，但这一次不比MALANG的高难度。响亮的钟声打破了下午的寂静，PEDRO还笑说，我敲钟的惩罚是得继续留在这里这么做。

由于PEDRO跟这教堂的负责人很熟，他在进门的时候，就将一把6寸长，1寸半宽的铜钥匙交给我，挺重的，就挂在我的相机包包上，他还卖关子，不让我知道是开启哪扇大门的。在屋顶留下足迹之后，秘密终于解开了，我亲手打开的原来是一间不对外开放，传教士在弥撒之前的专用房间，墙上还挂了几张传教士的照片。走过另一道门就是进入富丽堂皇的礼拜场所。

没错的话，这是Tarabuco族的纺织示范，整座博物馆，只有这里可以拍照

17世纪建设的SAN FELIPE NERI CHURCH

AND MONESTERY，现在已经摇身变成一所女校，让4—18岁的女孩就读。我打开的神秘房间是他们现在唱诗班进行的地方，屋顶是他们的禁区，反而我这个远方来的客人拥有这个特权，感激跟PEDRO有缘才有这种难能可贵的良机。

5 6
7 8

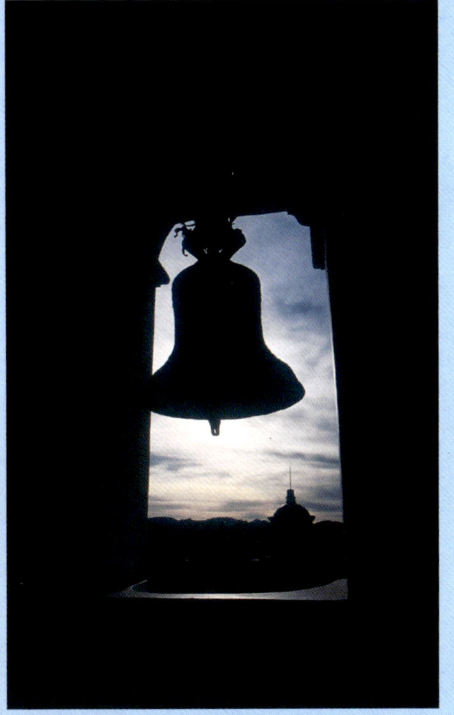

1 种着千年杉村的La Recoleta的一个走廊，玉蜀黍撒满一地
2 San Felipe Neri Church & Monastery用整块杉树制成的长椅
3 这几位传教士曾经为宗教奉献他们的一生
4 这里就是不常对外开放的礼拜场所
5–7 屋顶上的建筑物格式也那么讲究，这是第一次到教堂屋顶走动
8 这次是爬上屋顶楼房的最高处了，很喜欢这个剪影

假装文盲的长气袋导游爷爷

来到智利边境沙漠市镇，SAN PEDRO DE ATACAMA的3小时考古之旅，接待我的是一位只会说一句："HOW ARE YOU?"的爷爷级导游兼司机。事实上，我在南美洲最常讲的第一句问句就是："ENGLISH? "如果对方的回答是NO，两个人就是看着对方笑，然后，开着唱机听英文歌来打破空气中的沉默，这事情就发生在4位司机的身上。爷爷稍微不同的是，他在开始的阶段，还是给我介绍路上的景物、一棵不知盘根了多少年的树等等，直到我摇头微笑示意听不懂的动作多了，他才放弃讲解。

到了离开城市10公里的TULOR，大门深锁，车子进不去，可能开放的时间是9点吧！由于小门没上锁，爷爷开始带领我私闯土楼。里头都是圆形的建筑，还有一个活动交流的大场所。不懂西班牙语，也没有做功课的我，只是猜测，这是古时候有名的村庄。（飞行前一个星期才买智利旅游手册，也只是铺排圣地亚哥的行程，其他在智利游走的3天，完全交给旅行社主宰。）

随后，由于车子进不去，爷爷用手势示意我往前走，望着前面的沙漠和两边沙漠中的矮丛林，我也没有办法不跟随，开不了口的我，不知道要去哪里，也不知道要走多久。幸好只是走了7分钟，就看到了仿造的两间房子。入口明明是用英文写着NO ENTRY，爷爷却把牌子拿下，让我进去拍照，去看那用矮丛植物盖的屋顶，而他在路上给我介绍的树就是用来支撑房子的柱子。两间房子中间露天的部分就是煮饭的地方。

走过一座桥，桥末端的旁边是一圈又一圈已经没有屋顶的房子，在风沙中，只是露出

1 这也是个仿造的公共活动场所

2 经过岁月的摧残，曾经风光一时的交通和经商交接城镇，如今只剩下这些几乎没顶的圆形造型

3 2千多年前，这就是他们房子的内部构造

4 满脚都是沙的走在Cordilera De La Sal也不容易

他的建筑形状。爷爷用肢体语言和西班牙语向我透露，这座桥底下还埋着很多这样的土房。

回来的时候，接待处开了，拿了英文资料才知道这个公元前800年就存在的TULOR，曾经是个重要的交通和经商交接点。哇！真是有眼不识泰山！出土的文物里面，就有来自太平洋的珍珠，来自安第斯山脉美洲驼的纺织品和来自不同地方的皮革和瓷器，而智利出产的盐则是他们当时的主要货品之一。原来这个社区也曾经从高山引进水源灌溉这片土地。只可惜两千年来气候的变化，加上暴风沙的冲击，它的一代辉煌和土房一样埋葬在地底，曾经的繁忙，也随着岁月的脚步沉寂了下来。庆幸的是，这里有原住民，COYO族在保护这些祖先留下的遗址，让后代记住祖先的光辉岁月。

爷爷的年纪看来应该也接近70岁了，但是他的魄力是不容置疑的，带我去CORDILERA DE LA SAL，盐沙土山脉的时候，还带我踏着松软的沙，走上山坡，热心的帮我找寻好的角度拍照。但是他让我甘拜下风的则是另一个遗址的走访。这个于公元145年开始在峡谷山岗上建造的梯级式村寨，大大小小的建筑有200座。在印加帝国时期也曾经是重要的军事防御要塞，适中的地点傲视着SAN PEDRO河与智利火山山脉。

走了大概两层楼高的梯级后，告示牌是警戒游客不可再往上爬，可能山坡太陡，还是为了保护这片废墟免受破坏吧。但是爷爷对一个接一个的告示牌视而不见，使劲的往上爬，而禁止爬上去的部分，应该有还有5层楼高吧。气喘如牛的我，用边拍照边休息的伎俩恢复元气，以赶上爷爷的脚步，偶尔爷爷也会停下来等我，但是，令我最佩服的是，爷爷可一点喘气的现象也没有，完全是中气十足，我

这就是爷爷对路牌视而不见，让我在高处俯瞰的地方之一

这里其实是禁区的开始

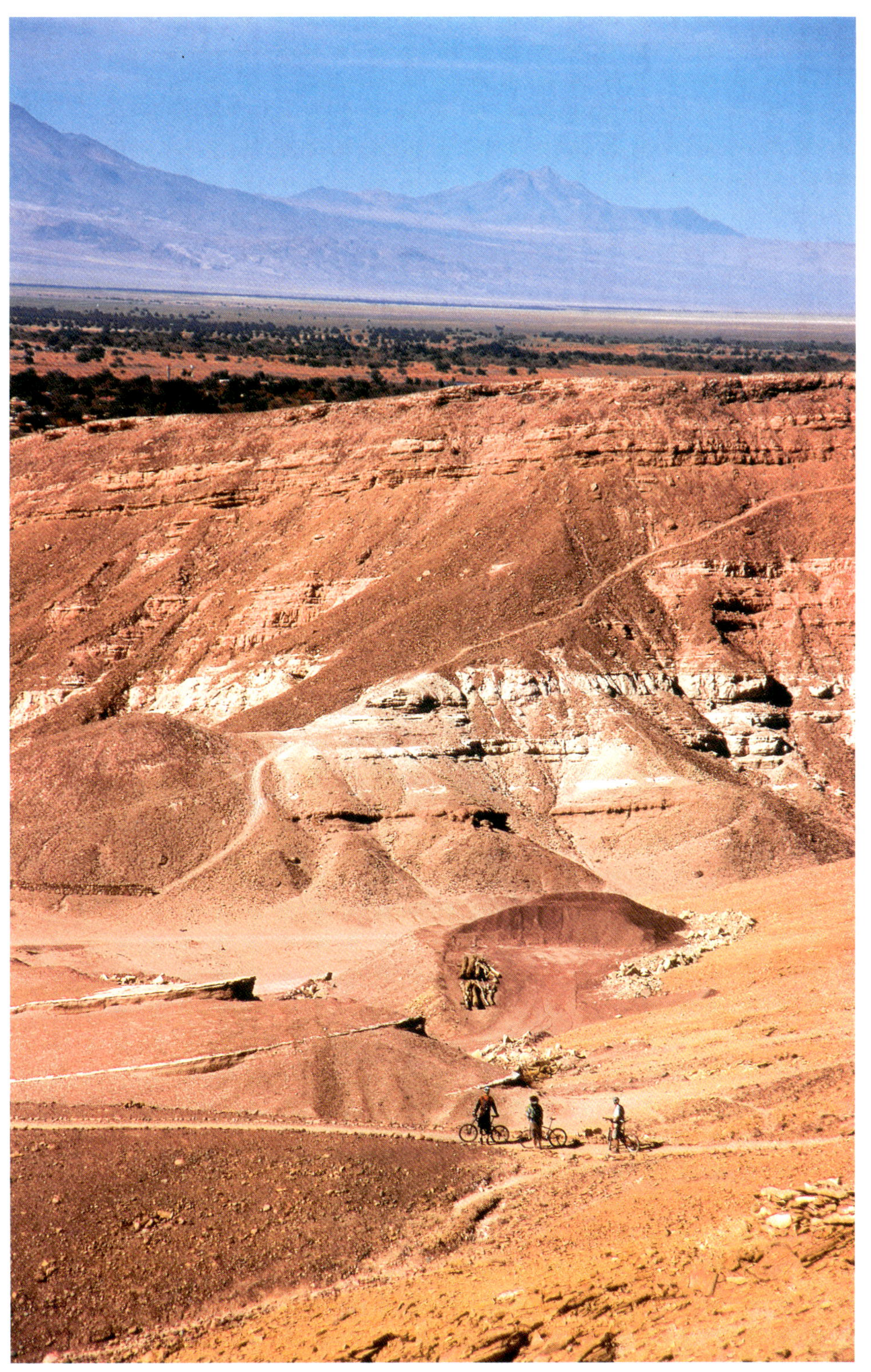

我好佩服这些人的毅力和体力，可以以自行车代步或扛着自行车，走过陡峻的山路

可尴尬死了！

和蔼的爷爷还给喘气的我找了一个可以坐下的位子，拍照之余也给我介绍四周的环境，知道山谷在建设酒店，以提高这里的知名度。这是好事还是坏事呢？

下山后，爷爷又把手指指向左边，天啊，还要登山吗？还好只是5分钟的路途，就到了峡谷，也只是那么到此一游。在南美洲的日子，除了圣地亚哥（SANTIAGO）和布宜诺斯艾利斯是完全不用上山坡或处于高原地带以外，在其他地方，登山的脚力真的很重要。

爷爷送我回到市区的时候，我将3美元的小费给了他。当他第一次帮我付入门费的时候（团费包入门费），我看到他钱包里就只是一张5000智利比索的纸币，刚好足够缴付我所有的入门费。也可能我觉得爷爷这么大把年纪还得工作，生活可能很辛苦，所以打赏比较多。早上在沙漠步行的时候，可能风大，爷爷咳了两声，我只能问“Are you ok？”却没有法子多说几句关心他。很想问他，他的家人、他的生活、他工作的原因，但是，这些都只能成为我心中永远的问号！

爷爷就是带我来这里看峡谷

这半边脸是谁，
不懂西班牙话的
我，无从问起

巴士、地铁自由行篇

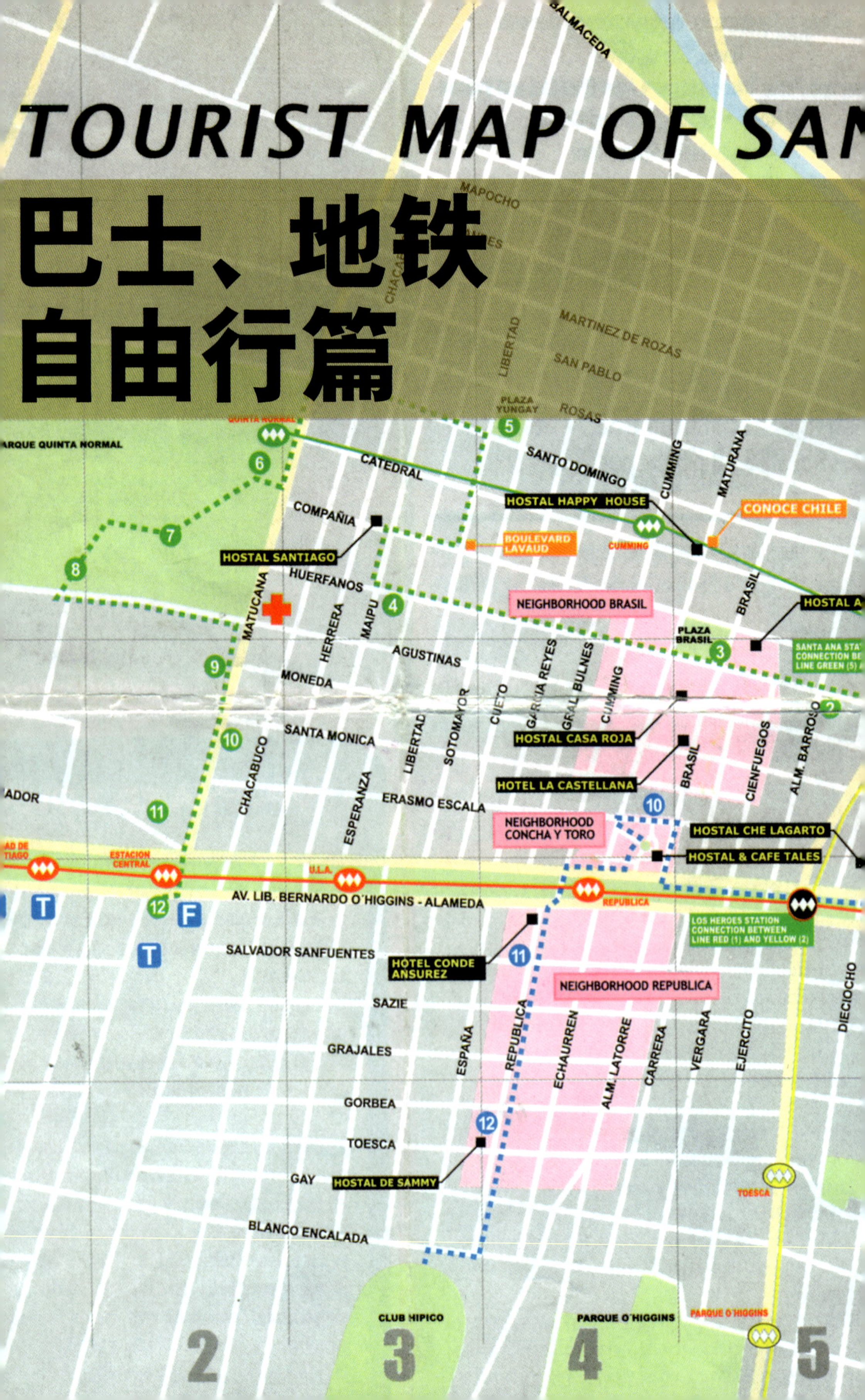

TOURIST MAP OF SAN
BALMACEDA
MAPOCHO
CHACAB
LIBERTAD
MARTINEZ DE ROZAS
SAN PABLO
PLAZA YUNGAY
ROSAS
QUINTA NORMAL
ARQUE QUINTA NORMAL
CATEDRAL
SANTO DOMINGO
CUMMING
MATURANA
HOSTAL HAPPY HOUSE
CONOCE CHILE
COMPAÑIA
BOULEVARD LAVAUD
CUMMING
HOSTAL SANTIAGO
HUERFANOS
MATUCANA
HERRERA
MAIPU
NEIGHBORHOOD BRASIL
BRASIL
HOSTAL A
PLAZA BRASIL
SANTA ANA STA
CONNECTION BE
LINE GREEN (5)
AGUSTINAS
MONEDA
GARCIA REYES
GRAL BULNES
CUMMING
CUETO
SOTOMAYOR
LIBERTAD
SANTA MONICA
HOSTAL CASA ROJA
HOTEL LA CASTELLANA
BRASIL
CIENFUEGOS
ALM. BARROSO
CHACABUCO
ESPERANZA
ERASMO ESCALA
ADOR
NEIGHBORHOOD CONCHA Y TORO
HOSTAL CHE LAGARTO
HOSTAL & CAFE TALES
AD DE
TIAGO
ESTACION CENTRAL
U.L.A.
REPUBLICA
AV. LIB. BERNARDO O'HIGGINS - ALAMEDA
LOS HEROES STATION
CONNECTION BETWEEN
LINE RED (1) AND YELLOW (2)
SALVADOR SANFUENTES
HOTEL CONDE ANSUREZ
NEIGHBORHOOD REPUBLICA
SAZIE
GRAJALES
ESPAÑA
REPUBLICA
ECHAURREN
ALM. LATORRE
CARRERA
VERGARA
EJERCITO
DIECIOCHO
GORBEA
TOESCA
GAY
HOSTAL DE SAMMY
TOESCA
BLANCO ENCALADA
CLUB HIPICO
PARQUE O'HIGGINS
PARQUE O'HIGGINS
2
3
4
5

说走就走，随兴出游

——兴业银行推出“随兴游”个人旅游贷款

您还在攒钱明年的马代蜜月游吗？

您还在憧憬后年的全家欧洲游吗？

兴业银行为您倾情推出“随兴游”旅游贷款服务，无需抵押即可轻松获得最高30万元的旅游资金，申请简单，放款便捷，让您“说走就走，随兴出游”。

【您可以申请贷款用于您和同行人员的】：

1、交纳旅行社保证金

2、支付出行团费

3、境内外各种消费

4、以上皆可

【您只需要拥有（三选一）】：

1、本地房产（不低于50平方米）

2、本地户籍

3、本地稳定工作

【您只需要向我行提交】：

1、已签署的旅游合同或旅游意向书

2、身份证、户口本、护照

3、房产证或收入证明

4、其他兴业银行要求提供的材料

【您将会获得】：

1、最高30万元的贷款资金

2、最快2个工作日即可答复申请结果

3、兴业银行倾情赞助的各项优惠活动

【您可以申请的贷款金额和对应期限】：

贷款用途	贷款额度	贷款期限
旅行社保证金	不超过旅行社要求保证金的限额	3个月、6个月
支付团费	不超过人均3万元，且不超过10万元	1年、2年、3年
境内外消费	不超过人均5万元（不含未成年人），且不超过10万元	1年、2年、3年
合计	单项金额不低于1万元，三项金额合计不超过30万元	

（注： 贷款年利率采用固定利率，具体执行利率以兴业银行当地分行规定为准。）

举个例子，您的幸福三口之家（一个可爱的小朋友）最多可以申请：

1、保证金：15万元（人均5万元）

2、团费：9万元（人均3万元）

3、境外消费：6万元（人均3万元）

4、合计：30万元

【您可以这样轻松的还款】：

1、半年以内的（含半年），到期一次还本付息

2、半年以上的，按月付息到期一次还本，或按月等额本息还款

【您其实很划算】：

1、大额资金不求人，还无需动用你的自有理财资金。

2、与传统消费贷款比，手续更简便，审批时效快，信用无抵押。

心动不如行动，赶紧筹划您的梦想之旅吧！

如果您还有不明白的问题，欢迎您咨询兴业银行各营业网点热情的工作人员。

兴业银行“随兴游”旅游贷款服务祝您出游愉快！

不需担心上错车或下错站的地铁自由行

在南美洲不管你参加短期或中长期的地陪团，空余的时间还是不少。假如不是荒山野岭没有餐馆，团费都不包括膳食费。很感谢FABIOLA安排的住宿都是地点适中的旅馆，让我在玻利维亚和智利北部都可以步行去拍照，用餐以及认识各个城镇，不需气愤被出租车司机骗，更不必因为他们的鲁莽驾驶而冒生命的危险。与此同时，也让我在一个人游荡的时候学习照顾自己、背包和相机的安全，更学习分辨什么地方必须安全第一，拍照其次，甚至是放弃拍照。而且，由于不懂西班牙语，只要有人介绍他们的旅游配套或什么的，我都一律摇头微笑走开，没有人会纠缠我。

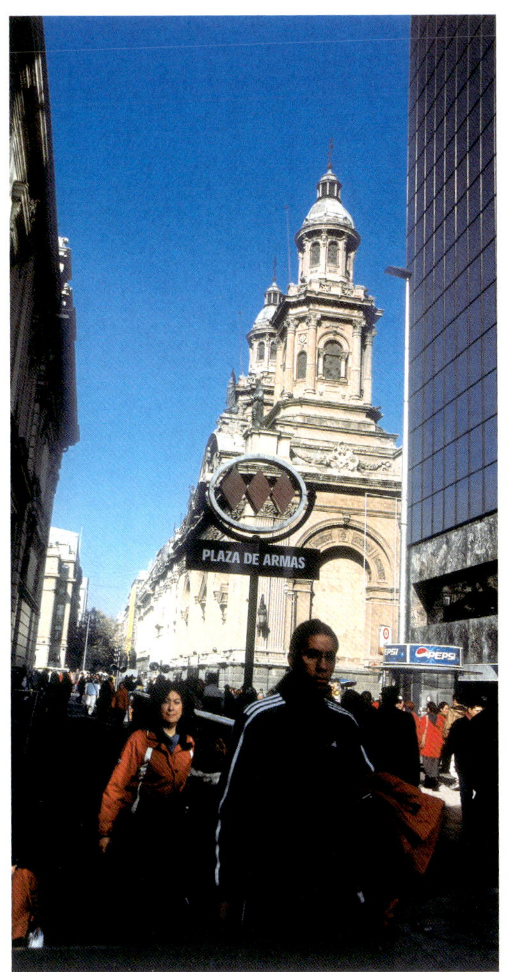

看到三个菱形就是圣地亚哥地铁站的所在地，也是我回程的车站

到智利首都圣地亚哥的时候，走出机场，当然有不少出租车和私人巴士的司机会招揽顾客，虽然我没有搭乘他们的交通，但是当我开口说是搭乘CENTROPEUTRO的时候，一个业者很有礼貌的指示我向大门的右边走去。我还来不及答谢他，他已经到后头招揽生意去了。

看到蓝色的巴士兴奋极了，还有专人帮忙把大背包搬上巴士的行李寄放处。最开心是听到司机说英语，向我收取车资。由于本身不爱购物，也少买东西（两次购物都是叫导游当翻译，自己杀价），我连2—10也没去学，只懂1！我可从来没有这样的懒惰过！2.3美元（1200比索）的车资比起出租车的10倍划算多了，我也为自己成功凭着旅游手册的资料搭上这辆巴士而感到自豪。

在安第斯山脉的高山和沙漠待了3个星期以后，看到巴士窗外的高速公路，看到收费站、双层店，还有久违的霓虹灯广告牌、排屋和私家车，格外的兴奋。过去的日子，路上出租车可比私家车多上好几百倍。这种找到家乡相似感的心情，相当复杂。

从手册中知道自己是最后一个下车，但是册子里的巴士站搬家了，司机亲自向我讨了酒店的地图，教我越过马路往前走两个BLOCK再左转，还留下了一句：“GOOD LUCK！”。晚上9点15分，背着23公斤的行李，走两个BLOCK当然不成问题，因为有两个地陪已经给过我类似的训练，让我走路去旅馆。两人都步行的话，旅行社就不必给车资呀。其实也不是他们的错，因为我特别声明要BUDGET TOUR，自讨的！虽然入夜了，但是繁忙的街上还是有不少的行人，我也不太担心危险。再说，我前后背了那么重的东西，小偷也不敢碰我，不然，可能会把他压得喘不过气来。

地标和清晰明确的路牌，让我一路顺畅

第一次搭地铁也是在圣地亚哥，METRO的价格，非高峰时间，就是早上9点以后，7点以前比较便宜，而且一律是380比索，要是大马的地铁也可以这样统一收费该多好。地铁站的收银员，知道我的目的地后，还提醒我得中途转站。在吉隆坡最爱搭地铁出门的我，当然很有把握的谢谢他，只是当地铁站像东京新宿那样有多个出口的时候，还是得劳烦警察指点方向！

接下来，地图当然要登场，找到路牌，就找到自己所在的位置，知道自己该走几个BLOCK才会到达目的地。这回在路上的店铺看到二手衣裤，都是5美元以下。路上是不敢取出相机拍照，还是一贯的作风，到了有警察守护的广场才亮机！教堂每30分钟传来响亮悦耳的钟声，想起了苏克雷，心情为之振奋。回程的时候，是使用另一条直通路线，满足了我在圣地亚哥的地铁瘾。

走出阿玛斯广场(Plaza De Armas)地铁站，就是长长的步行街，我有了回到大城市的感觉

29号巴士的忠实搭客

同样是自己找的住宿，所以地点适中是必然的条件。位于阿根廷布宜诺斯艾利斯(BUENOS AIRES)LA BOCA的HOSTAL DE LA BOCA 是24辆不同号码巴士经过的地点，所以也因为交通方便，成了我落脚的地方。

到达布宜诺斯艾利斯的那个下午，旅行社职员玛丽娜劝告我要搭巴士到CAMINITO去拍照，不要步行。从那刻开始，我正式靠自己摸索，看资料，储存硬币，爱上在阿根廷首都搭车的日子。

在旅馆的对街搭了29号到CAMINITO，路途经过了同事所说的繁杂区，地上积水，垃圾囤积，还有墙上满是涂鸦的贫民区，看了以后，庆幸自己没有冒险走路去CAMINITO，据说走去是15个BLOCK。

错过了第2天的少年足球杯，把阿根廷的球衣拍下，也不枉阿根廷之旅

刚刚好赶在下午阳光最耀眼的时候走在色彩斑斓的CAMINITO，只是碰上星期六，游客特别的多，拍照要闪游客也相当费工夫。这里是意大利移民当初落脚的地方，他们在船坞工作，或当水手。房子是用造船剩下的材料建设，彩色的漆，这种因为贫穷而形成的环保，结果就成了这里CAMINITO的标志。不过，意外的发现我留宿的那一区，也有一个这样的“模型

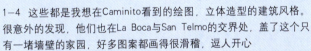

1–4 这些都是我想在Caminito看到的绘图，立体造型的建筑风格。很意外的发现，他们也在La Boca与San Telmo的交界处，盖了这个只有一堵墙壁的家园，好多图案都画得很滑稽，逗人开心

比起拉柏卡(La Boca)，卡米尼多(Caminito)似乎逊色了些

屋”，看了满心欢喜。

据说TANGO（探戈）也是发源于此地，是19世纪末移民社会跳的舞。虽然在咖啡座林立的街头看到一对男女跳TANGO，舞姿撩人，但是没有按下快门。因为自己刚到达，身上只剩下13PESO，又没找着兑换商，所以还是决定把给舞者的小费先省下来，解决当天晚餐的经费。心想，TANGO应该可以在其他地方拍到吧！谁料机会难逢的道理却降临在我的身上，再也没有遇上这样的机会。现在想起来，小费也可以给美元啊，怎么那么笨！也因为担心参观LA BOCA 的博物馆需要付费而错过了高处_望港口的机会！后悔是来不及了，就给自己留点遗憾吧！

曾经讽刺赫曼，为何南美洲的路牌名称都是各国通用，没有什么新鲜的名词，

1 在古色古香的卡米尼多(Caminito)，星期六的咖啡座挤满了当地人和游客
2 拍不成真人Tango，这个牌子也算是对自己的一个交代吧！
3 星期六也是流动小贩挣钱的日子

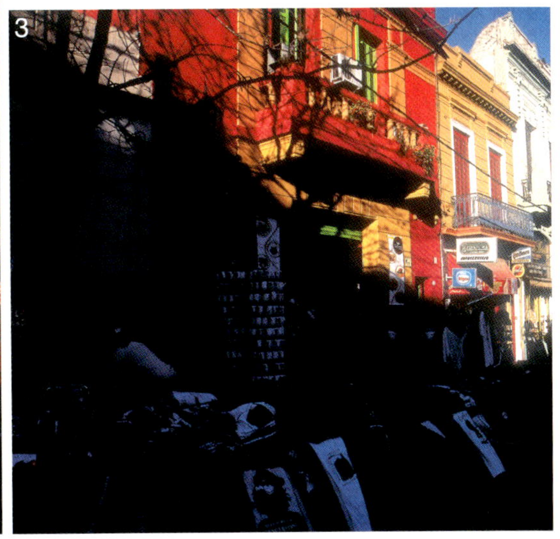

甚至在很多城市，他们就是采用秘鲁街、玻利维亚街等等的名称，但是，当自己坐在巴士上或走在路上的时候，就会发现，这样通俗熟悉的名字，倒给旅客提供了方便，因为对照巴士行驶路线的工作变得容易许多。所以在市区，我没有要求司机给我指示何处下车(老实说，语言不通，也做不到这点)，就是凭着地图了解这辆巴士会经过何处，可以在哪里下车，方便下一次要走访其他地方的时候，知道这辆巴士是不是也会走在同样的路线上。而且，他们的城市地图一般还会把那条街的建筑物门牌给标上，比方AVE DEL LIBERTADOR 800–1000，这样就可以安心的搭乘公共巴士了。但是，遇上单程道的时候，问题就来了，回程的巴士该要在哪里搭乘呢？

碰上单程道的那一次，正巧我得赶在6点30分之前回到旅馆接赫曼的电话，以确定晚餐的约会时间，而熟悉的巴士车站则在500米以外，走路的话会误时，加上那个时候是下班繁忙时间，巴士的队伍好长好长，我只好硬着头皮搭出租车赶回去。后来，赫曼才告诉我，遇上单程道，反方向的车站是在后面的那条街，或者是前面的街。可是，他的话说得太迟了，我已经付了8.5比索，是巴士10.6倍的价钱；更不幸的是，我跟赫曼的约会在傍晚7点45分才开始！

因为遇上赫曼的关系，搭乘29号车的次数加起来也有6次，所以也成了它的忠实搭客。我对这里的公共巴士路程的熟悉度，让赫曼也觉得惊讶。至于我跟赫曼的相遇和故事发展情节则是下回分晓！

而为了到RECOLETA悼念贝隆夫人(EVITA)，也跟130号结缘。这次是在旅馆的后街搭巴士，我是第一个上巴士，回程也是最后一个下巴士的搭客。巴士绕过了SAN TELMO、PUERTO MADERO港湾、RETIRO、RELOCETA。以为门边会有人按铃，所以错过两站之后，我在PALERMO和RECOLETA的边界下车，走了3乘6乘3个BLOCK才到达目的地，也因为走回头路才看到贝隆夫人的纪念碑。贝隆夫人是因为麦当娜的那首《DON'T CRY FOR ME ARGENTINA》而让全世界注意起这位前阿根廷总统夫人。贝隆夫人的坟墓真的像书中写的，每一天还是有鲜花插在坟前，后人对她的敬仰，没有因为她逝世55年而有所减少。

这个1822年11月17日落成的坟场特别之处是后人为他们的先人盖一幢房子，半边可能就是侍奉神的地方，半边就是停放灵柩的地方，他们并没有将棺木埋在地下。而这些房子的设计非常的讲究，所以撇开了坟场一般的感觉，反而摇身成为一个欣赏艺术建筑风格的地方。这个范围54843平方米的坟场住的都是在社会上有名望的高官显要，也包括了传教士、作家和诗人。

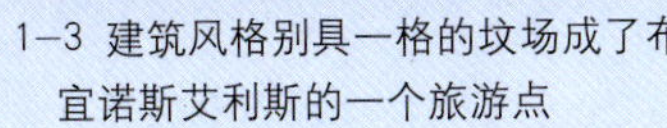

1–3 建筑风格别具一格的坟场成了布宜诺斯艾利斯的一个旅游点

4 前总统夫人的坟墓前刻上了她的名句“I will return and we shall be millions”

搭乘地铁
揭开佛罗里达街的
神秘面纱

布宜诺斯艾利斯地铁的运作始于1913年，在2004年出版的书上看到A线依然使用当年的车厢，但是，我搭乘的C线车厢似乎也很旧。车厢没有冷气，即使正值冬天，地铁在地下道川行时，还会感觉到隧道里的那股闷热。车厢里头灯光也暗淡，车厢和座位的设计是典型的四四方方。基于形形色色的人都在车厢中，我也没有把相机取出拍照留念，担心这么做，会招摇过市。对了，这里的车资一律0.70比索，也没有非繁忙时间的价差，售票员是不管你去哪儿，他只要知道你要买多少张票。

走在这里的步行街，突然觉得自己的地位好像高尚了一些

MAGGIE在短讯中告诉我，她于阿根廷停留的7个小时是在佛罗里达街度过，为了揭开佛罗里达街的神秘面纱，还有好奇MAGGIE在那做了什么，我特地走了3乘7乘8个BLOCK，从旅馆

布宜诺斯艾利斯地铁站示意图

到地铁站，搭乘C线到SAN MARTIN站，然后步行到佛罗里达街。原来这条步行街是不少名牌专卖店的所在地，也是阿根廷皮革专卖店的据点，据了解，还可以量身定做。[如果错过了银行早上10点到下午3点的营业时间，这里是兑换美元的地方，但是，兑换率稍微差一点。在阿根廷不像秘鲁随处可以兑换钱。]除非别无选择，千万不要在机场领取行李的地方兑换钱币，因为机场兑换率最低，想像1美元换2.47比索和1美元换3.07比索的差别！后者就是机场其他兑换商的兑换率，可千万别上前者的当。一般来说，南美洲机场的兑换率都很差，我和MAGGIE是因为停留6个小时，需要比索吃饭，才逼不得已换钱的。

如果你对阿根廷牛排有兴趣，不妨考虑在佛罗里达街尝尝地道的牛排。我想，在高尚购物街，价钱应该是比其他地方高一些，但是，根据MAGGIE的经验，红酒750毫升、矿泉水300毫升、沙律、汤、很棒的1寸厚牛排、蛋糕甜品加咖啡，只是区区25令吉，应该不会让你失望吧？赫曼总是说我错过了阿根廷最赞的美食！

也因为搭乘地铁，我横跨了拥有13条车道，长140米的AV.9 DE JULIO。当然不是13条车道都挤在一条大道，而是一分为二，所以越过这条马路，得在红绿灯前停停走走。本来是不需要越过马路，但是因为AV DE MAYO地铁出口有两个，我要寻找的咖啡店正好在另一个方向，走错出口的我，才阴差阳错的沾了阿根廷人的光。这条所有布宜诺斯艾利斯人都引以为荣的街道是全球最宽的，是在1936年建设。为什么吉隆坡的城市规划师或大马的大道经营者就没有这种远见，一定要在拥挤以后才扩建呢？不过，据了解，建这条街道的代价很高，许多19世纪的法式建筑物都被夷为平地，只剩下法国大使馆。

CAFE TORTONI是城中最老的咖啡店，既然到了阿根廷，不到老店喝杯咖啡，吃个饼，似乎对不起自己。这家在1858年开张的咖啡店，再过42年，就横跨2个世纪了。店里有着古色古香的装潢和黑白照片，慢慢的欣赏和想像，仿佛就进入了时光隧道，自己好像看到了一部黑白电影在上映。

光顾的客人，老中少都有。坐在我前面的公公，不知陪着TORTONI走过了多少的岁月，不知在这里约会了几个女子。柜台有个老人家，也不知道是第几代的掌门人。

看到这里高朋满座的情景，终于明白为什么阿根廷人会在9点或10点吃晚餐，下午5点半下班后，咖啡座就是他们流连的地方，而且晚上还有表演秀，包括我想看的TANGO。

为了配合在这里生活的赫曼，我也正好趁这个时候，吃了配套的3个面包，添饱肚子，才有力气在9点30分陪他用餐。还记得那片两毛钱大，配咖啡的饼，真的很好吃，也说不出是什么口味，但是就是吃了让我心生欢喜，只可惜就只是那么小小的一片，可能老店长寿的秘诀就在此。

这里的一些服务生让我想起吉隆坡的COLISEUM。和蔼的服务生常保微笑，还非常热心的要帮我拍照，我也不好意思拒绝他的好意。我可是担心他手抖，照片出来会朦，结果还不赖。花了8比索，给了服务生1比索的小费，应该不会太吝啬吧？一般餐馆服务生的底薪都很少，老板都认为他们可以凭服务表现赚取很多的小费。

1–2 佛罗里达街让你见识布宜诺斯艾利斯不同的一面
3 墙上照片里的人是CAFE TORTONI创办人吗？
4 很好奇的想知道爷爷是不是天天来这里，当年有多少个女子在这里给他迷倒？

人间有
温情篇

“如果爷爷现在听得到我的说话，
我要告诉爷爷，我已经平安的
回到大马了，您放心吧！”

助我渡过难关的恩人爷爷

其实29号巴士不是我在布宜诺斯艾利斯搭乘的第一辆巴士，凭着在圣地亚哥的成功纪录，这次从机场到旅馆的路程，我再度发挥省钱的精神，舍弃40.30令吉的冷气巴士（送抵主要酒店或主要据点）而搭乘1.51令吉的公共巴士。

或许是命中注定，走出机场门口的时候，看着86号巴士在我面前经过。虽然我尝试挥手示意他停下，但是，仅是离开车站15米的巴士司机，竟然那么的遵守交通规矩，就是不让这个前后和右侧都背着包包的可怜女子上车。

既然这样，我也只好乖乖的到车站等下一趟巴士，但是，心里却好焦急，因为约了旅行社代理11点半在旅馆等候，把到依瓜苏瀑布（IGUAZU FALLS）的机票和住宿单据交给我，与此同时，我也跟赫曼说好了，要他12点钟，给我一通电话，然而，我坐在车站等候的当儿，时间已经是10点半了。

总统府前面的广场一角，阿根廷的国旗在飘扬

焦急的时候，身旁来了一个爷爷，他没带行李，也不知道是不是从机场出来的，看我一个人满身是背包，用西班牙语跟我说话，大概是问我要到哪里。我不懂西班牙语，很客气的对他说我只会讲英语。他看起来蛮担心我的，似乎在告诉我，待在阿根廷不懂西班牙语是相当困难的。

他接过我手上准备用来通知司机我要在何处下车的旅馆地图，一直在研究我要到何方。虽然他看懂了，也看到地图上写着所有可搭乘的巴士号码，但是，他还是不放心的以地图问其他人，打听这辆巴士是否会载我到目的地。我很想告诉爷爷不要太担心，但

Parque Lezama就是我搭乘86号巴士的地标，也是我每次到San Telmo用餐的必经之路

这是贝隆夫人的纪念碑

是，不知如何开口。爷爷望着那张地图好久才还给我。

半个小时内，走了两辆要交班不载客的巴士。巴士终于开门的时候，爷爷拿过我的地图给司机看，他点了点头之后，我就准备要坐在司机的后面，一来可以提醒司机，二来这个单人位四周的空间比较宽阔，也可以让身后的背包一起坐在椅子上。我担心到站之后才背行李，可能狼狈得站不起来(这可曾经发生在火车站，还得劳烦别人拉我一把)。再者，假如司机得等我慢吞吞的下巴士，耽误他的时间，我可能会因此被骂，两者都会令我好尴尬。其实，后来赫曼告诉我，前面都是保留座，给老人、残疾人士、孕妇或带小孩的爸妈。我想，我当时的样子也很像残疾人士，就请大家原谅我吧。

准备要投硬币的时候，慈祥的爷爷把我推向一边，帮我给车费。付费机的显示屏幕出现1.35比索的时候，我大吃一惊，才发现我的硬币不够，还好爷爷帮我付，机器虽然可以找钱，但是不接受纸币。第一天到南美洲报到的时候，就趁6小时等飞机的空当向机场内的旅游局打听86号巴士，这位小姐不知多久没搭巴士，怎么告诉我说是0.65比索？就连市区巴士的收费都已经是0.80比索，她怎么会搞错？她该不是开车一族或有司机载送，不曾搭巴士吧？她这么一说，结果MAGGIE分配的时候，只是给了我0.70比索硬币和20比索的纸币。

从爷爷手中接过票据的时候，我当然还是想把手中的0.70比索交给他，但是他还是推开我的手。票据掉在地上的时候，还得劳烦爷爷弯身给我捡，真的好丢脸，好难过！爷爷坐下以后，又起身走向司机，问司机会在哪条街让我下车，费时多久，转身就拿了我的地图，指着下车的街道，叮嘱我要在哪里下车。爷爷那么费神，我真的很感动，人间真的充满温情。爷爷后来还递了一颗薄荷糖果给我，我很想从身上挖出什么的回赠爷爷，让爷爷留作纪念，至少这样东西是我从大马带来的，有它的纪念价值。但是，我始终找不到，因为我只是带需要的东西出门。身上也只是带了一张50令吉。下回出门，我一定会带些零钱，作为交换的礼物。

我能做的就是不断的以感激和感动的表情给爷爷说GRACIAS。要他如此操心，我真的很抱歉。如果爷爷现在听得到我的说话，我要告诉爷爷，我已经平安的回到大马了，您放心吧！

后来巴士上站满了人，我无法看到坐在对面的爷爷，当人潮散去的时候，爷爷已经下车了，对于自己没有向爷爷道别，心中是过意不去。只好在心中祝愿爷爷平安、健康、快乐。

我应该是在这趟旅程游了大半个布宜诺斯艾利斯，因为所花的时间，足以从吉隆坡到马六甲。爷爷在上车不久后以手势告诉我的时候，我就呆了，因为玛丽娜和赫曼那两个人一定等到又焦急又生气。

我是第一个下车，也是最后一个下车的搭客，早知如此，就不要虐待我的屁股，三分之二的位子都由大背包占去，我可是背了2个多小时，下车还得走1个半BLOCK的。

幸好，旅馆的接待生会讲英语，也还好等了一个多小时的玛丽娜会先去吃午餐，回来之前也先拨个电话到旅馆，才没有连连出状况。我因为深感抱歉，也怕耽误所有人的时间而守在旅馆，等事情都办妥之后，才于下午3点用午餐。

曾经在马航工作的玛丽娜也很体贴，没有责怪我，还给了我不少旅游上的意见！

处处留情篇

My "Lovers" in South America

的的喀喀湖JOSE欠缺温暖的拥抱

一个女子出门有好有坏，坏的是怕遭遇不测，好的可能遇上怜惜你，想要保护你的英雄豪杰，不过，也得小心他是不是另有企图。

JOSE，我的的喀喀之旅的专属导游刚大学毕业，有点腼腆，很淳朴，没有心机；也没正式学会怎么讨女子的欢心，还得劳烦MAGGIE给他指导调教。23岁的年龄是我的年龄倒反都不比他小的青春年华。可能是我对旅行社声明不要喋喋不休的导游，只要会讲英文，能够沟通就过关，所以他们派了JOSE这位对当地旅游知识还掌握不多的高大俊男给我们。然而，我们还是感到满足，因为我需要更多安静的时间拍照。

这腼腆的小伙子常常成为MAGGIE调教的对象

那个离开塔姬勒岛的早上，我们的船只因为风浪的关系，不能在东岸停泊，结果还是逃不了翻山越岭的苦差。而极其不愿这么做的MAGGIE开口叫JOSE背所有的行李，让我们轻松的上山下山，我也难得只将一个相机挂在颈上，走下将近300级的梯级，全程用了45分钟的时间才到达船只靠岸的地方。我想，一个打开家门就可开车出门的人，应该不会想要体验这种长途跋涉的折磨吧！当时JOSE没有异议，还说："I am you guide。"，一个人前后就背了4个包包。

由于想拍的景物都拍了，我们就提早回到普诺。上了岸，我们还一直"扣留"他的小费(当然也没说出口来为难他)，主要是原本的行程是下午4点才结束，我们还可善用午后的时间，让他带我们去逛普诺城镇，而我最重要的任务是买秘鲁传统音乐光碟。虽说是扣留小费，我们也没那么强的占有欲，买完光碟就放他回家休息，等他下午4点给我送巴士车票来时，才把小费交给他。事实上，我们对他也不差，3天的行程，我们两人就打赏了30美元，足够他付1.2个月的房租！

停泊在港湾的可是我和MAGGIE的专属"游艇"，也是我在南美洲唯一驾驶的交通工具

的的喀喀湖的公共交通工具，挤满了人之后，还可以运输羊只

幸好这些只是川行浮岛之间的芦苇船，要不然得花多长的时间才能从塔姬勒岛回到这里呢？

从来不在马来西亚买盗版光碟的我，在秘鲁是别无选择，因为没有唱片行卖正版光碟。结果一口气买了7片光碟，准备给好友当手信，每片只是1.95令吉。

下午给了小费以后，我们又改变主意，JOSE也乐意接受MAGGIE的邀请，一同逛BLACK MARKET，当起翻译员，一起吃晚餐。这个市场卖的大部分是中国货，廉价的程度让我们不敢相信。ADIDAS运动套装开价43.50令吉，最贵的冬装外衣开价51.20令吉，比标在牌子上的人民币价钱还低，懂中文的人，在这里肯定不会吃亏，因为有中国的零售价格比较。而令MAGGIE爱不释手的THE NORTH FACE冬装上衣讨价还价以后是54.50令吉。替她高兴之余，自己是捶胸懊恼，只恨自己的行囊已满，无法装下任何的衣物，如果可以选择的话，ADIDAS运动套装，我必定带回家！

绕了个大圈子，也该透露我跟JOSE的“暧昧”关系了。话说告别塔姬勒岛之后，我们得坐3小时的船才可以回到普诺。为了让船夫可以先用早点，我奉献了生平的第一次：开船一个半小时！

的的喀喀湖之大可以从船夫的放心跟我的勇敢中知晓，而且我们可是汪洋中的唯一一条船。我为了给自己一个方向，特地将远处半岛的“湖”角当航行的坐标，时左时右的慢慢摆动，开始玩了起来。时间久了，闷了，甚至松开手，心里默念100下，再抓住方向盘，对准湖角转左

告别了这位阿姨，我们也告别了芦苇浮岛。你看到太阳能的接收器了吗？

还是转右的。我甚至还把头靠在方向盘，低头休息，默念100下，抬起头来抓过方向盘，也依然十分安全。MAGGIE则争取时间好好的睡觉，任由我发挥。这个半岛可是费了我超过一个小时的时间才跟他擦肩而过，可以想像湖面的浩瀚吧！

我给自己的使命就是绕过半岛以后才交差，谁知道眼看要接近半岛的时候，开始感觉到冷冷的方向盘将它那股冰冷，从手心渗透到我全身，赶紧叫船夫关门关窗，阻止冷风从他方偷袭我！

绕过半岛的那一刻很有满足感，但是，一松开方向盘，糟糕，怎么全身发抖？我全身披了船夫的棉被坐在阳光照射的角落，情况还是没有改善，手脚都僵硬了。结果是MAGGIE建议JOSE坐在我的后方，从后面抱着裹在被里的我，用身体的温度给我“解冻”，用他的双手反复搓我的手，MAGGIE还给我们拍照，那时的我是哭笑不得，任由MAGGIE掌控证据！

可是我好怀疑JOSE 的体温，过了5分钟也还是老样子，他的手掌也不见得很温暖，所以我还是换个方式取暖，到甲板去晒晒太阳，但是早上8点半，湖风在秋天还是那样的凉，依然是没作用！

发现木箱里的引擎之后，JOSE把木箱的盖子打开，我将双手像烤鸡翅膀一样烤，温暖起来了，后来我的双脚也重复同样的动作，终于活过来了！哎！这个不小心给JOSE占便宜的经验，也没有什么特别值得回忆的！

这里的矿山曾经让Potosi成为全美洲最富有的城市

留下来是嫁给导游还是嫁给矿工？

玻利维亚的POTOSI是一个让我心生欢喜的地方，这里的建筑，这里的人，这里的食物，我都牢牢记住了！

望着这个海拔3977米高，有着4824米高的矿山，CERRO RICO的城镇，无法想像她曾在16世纪西班牙殖民时期，住着15万人，曾经是全美洲最高也是最富有的城市。也因为这样辉煌的过去，POTOSI保留着许多西班牙式建筑物，成了她一代繁华的唯一证据。

西班牙人从这座全球蕴藏量最大的银山掠夺了不计其数的宝藏，POTOSI在1650年达到采矿颠峰期不久后，墨西哥超越了他的银生产量，一场疾病也在1719年夺走了2.2万人的生命。POTOSI的银矿开采进入了没落期，直到20世纪的锡矿把贫穷的POTOSI救了出来，但是，全球锡价狂跌之后，POTOSI再度受到打击。如今，锡依旧在小规模的开采，锌和铅也是矿工生活的依靠。

POTOSI给游客刻骨铭心的回忆就是矿场实地探索。可能导游要求客人到矿工合作社买汽水、古柯叶和小型炸药的时候，客人会不解，但是当你进入高4500米的矿山，往空气稀薄的地底钻60米之后，一定会了解这些对他们来说何其重要。3个小时的开凿，只凿出20寸的洞，用炸药引爆之后，得敲碎

是的，就是这一身装扮才可以到地下矿场

玻璃窗上古建筑的投影，这里有不少友善的警察站岗

才用人力搬运到上层，到了宽旷的上层才得以使用推车运载（一般，地下矿场分3—4层）。古柯叶里的维他命A、E，铁、钙、蛋白质和其他矿物质，还有对神经的“麻醉作用”，可以让矿工咀嚼之后，忘记饥饿，忘记疲劳，在不眠不休和不吃的情况下工作长达24小时。

当时心里有很大的感触，矿工是为生活而干，西班牙的贵妇却为了炫耀自己的身份而佩戴饰物，两种极端的生活态度，真的是天壤之别。

不需动手开凿的我在地下层，已经是死去活来，地底尽是难闻的气体，带着口罩喘气，几乎要窒息却也无法放弃，到60米以下，整个行程费时3个小时。一层一层地下，路是越走越窄，或弯身或蹲或爬的钻过去，有的时候也需要爬楼梯，身后贴着竹竿慢慢溜下去。出来的时候全身和头发都是股怪味，跟CAVING没有两样，但是我却非常喜爱这样的经验。

还好全程5个同行者都体谅我，他们的状况也不是太好，喘气的时候，大家可以停下歇息，最重要的是导游对我的特别照顾。同样名叫PEDRO的他，给了我们很深刻的印象。之前，我们将冬装脱下，剩下单衣穿上矿工的套装时，他只是穿着性感内裤，屁股上插个BUNNY，架着一副大墨镜，手中拿着小吉他，娱乐我们之余也要传达一个讯息：地下矿场是个很热的地方。

幽默风趣的他自称是SCORPION KING，老是叫不出我的名字，因为在西班牙文里，没有YIN的发音。后来他干脆叫我JACKIE CHAN’S GIRL FRIEND，然后又给我取名JON CHANG，在地下矿场重复叫着这个名字。晚上则变成SU LING。

从第三层上第二层的时候真滑稽，这次是爬上斜放的一块板，两边虽然可以张开手扶着往上爬，然而，我可不是蜘蛛侠，手怎么可能那么长，也不能喷蜘蛛网钩住，结果在这个滑板上，我可是爬呀滑呀，我那个大1号的矿工鞋还掉落了一只，最后需要PEDRO英雄救美的在上面拉我一把，才把我从滑板上拉到上层去，不用再费劲耍滑鼠杂技娱乐大家！PEDRO看我上气不接下气的样子，加上我头盔上的照明灯也暗了，他干脆拉着我走，带领我到一个洞穴。

原来当天是5月的最后一个星期五，是祭拜EL TIO，地下神(UNDERWORLD GOD)的日子。每逢第一个星期五，除了矿工会到此，导游也会带领游客来这里拜祭神明，保佑矿工之际，也保佑客人出入平安。最后一个星期五则是答谢EL TIO一个月来的保佑。而第二天，星期六和接下来的两个星期六以及8月3日则是矿工宰杀美洲驼，祭拜大地母亲PACHAMAMA的日子。PEDRO一直劝我留下观礼，要求我将UYUNI的车票改去傍晚6点。虽然到了UYUNI有导游接送到旅馆，可是我担心午夜12点才到达UYUNI，可能会有点冒险，我还是得割爱。况且，两个同样是搭乘巴士的瑞士女子也不愿留下，否则可以3人结伴到UYUNI会有个照应。后来知道UYUNI只是一个两条街的小镇，到旅馆也是步行，真的有点后悔没留在POTOSI观礼。但是这个宰杀仪式，我也不知道是否看得下去，因为他们是将美洲驼的内脏取出，埋在土里，奉献给PACHAMAMA，肉则是烧烤之后，分给矿工享用。

我们在安置EL TIO的洞穴里跟5个导游待了大概一个小时，一边联谊，一边喝啤酒和一种叫KERH的酒（凭PEDRO的发音注音），全都得喝完才可以离开。玻利维亚的啤酒没那么苦涩，喝起来蛮顺的，不喝啤酒的我也可以接受。KERH则是甘蔗酿的酒，有点烈。两小杯下空腹，觉得有点醉意，我就不喝了我手中的第三杯是浇在地上，这是给PACHAMAMA请安的方式，本来只是稍微倒一些就够了，但是，我怕醉了难受，就敬了整杯。整支1.5公升的KERH，有100毫升是甘蔗酒，剩余的是汽水混合。

会讲6国语言，包括华语的印度仁兄唱了一首印度歌以后，他们想听马来西亚的歌，我也乐意的给他们唱了RASA SAYANG，大家都很尽兴。忘了说，玻利维亚人对大马一点也不陌生，因为玻利维亚锡矿开采仅次于大马，在地下矿场的“博物馆”里，很荣幸的两度看到马来西亚这个名词，所以，我想，只要他们的课本提及玻利维亚的过去和天然资源，一定也提起过马来西亚。

跟PEDRO晚上的约会是为了圆我在玻利维亚的心愿，拜祭PACHAMAMA，向她祈福。当地下矿场半日游结束以后，我向PEDRO提起祈福的事，对于我会知晓这样一个不被现代年轻人重视的祭祀，他也感到很意外，但还是毛遂自荐的表示，长辈们教过他，他可以帮我祈福，还慎重的告诉我，他不是开玩笑，是认真的，而且会帮我准备祭祀物品。当然，我也相

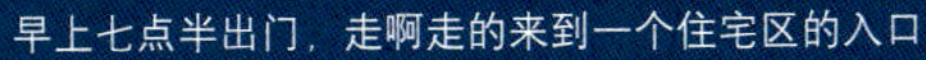
早上七点半出门，走啊走的来到一个住宅区的入口

这里也有一个模仿美国自由女神的玻利维亚Potosi女神

信他的诚意，他总不会开神明的玩笑吧！

晚上9点，PEDRO来接我，他说先到他家拿点衣物，因为他担心我身上穿的不够保暖，怕我在4200米的山上着凉，与此同时还得拿一些祭祀的用品。他的好意，开始的时候我有点抗拒，但是到他家时，他三催四请的，连住在隔壁的姐姐也探出头来看弟弟带了什么人回家，身上带着胡椒粉喷射器以备紧急之需的我，才不好意思的上楼进了他的房间，把他的寒衣和冬帽加上。他们的院子蛮大，兄弟两人有各自的房间，姐妹是一间，父母一间。而他整齐的房间里除了一张双人床，还有小客厅、饭厅、小炉灶，设备相当齐全，就只欠一个厕所。

一切准备就绪，我们搭乘出租车来到了山脚，知道我会喘气的PEDRO，拖着我的手上山，也很体谅的没带我到最高点，就找了一个理想的石堆，很贴心的用他的古柯叶袋铺在石头上，让我坐下。然后凭着微弱的月光，给我逐一的解释他买了什么造型的糖果，图案象征着什么。我不算贪心的要求他准备事业、爱情、运气、健康和康庄大道的糖果，PEDRO却为我准备更多，还包括钱财，房子和家庭，他说希望我有好的生活，也不愿我付供品的钱，说是他自愿给我祈福的。很认真的PEDRO还告诉我，白天可以拿着镜子放在胸口，让阳光反射或折射，让太阳神知道我是单身，正寻找伴侣。

解释完毕，他转向东西南北四方，嘴里则是念念有词，招四方的神明来庇护这次的祭祀，每念一次，就喝一口酒。那时他加了披肩，他的颈项和我的颈项也围上了色彩斑斓的围巾，他说是增强神明帮我实践愿望的能量。知道我不会喝太多酒的PEDRO，还是要求我在跟PACHAMAMA请安，获取她恩准进行祭祀的时候喝点酒，我也做了，因为我从电视节目也看到小豫儿那么做，只不过她是在焚烧了所有供品之后才那么做的。PEDRO让我喝的酒是混合了咖啡，甜甜的，还蛮顺喉的。

在PACHAMAMA 恩准祭祀以后，他继续念念有词，我也以虔诚的心在祈福。PEDRO将供品埋在树丛的石头下，他说，这样比焚烧好，PACHAMAMA可以慢慢的品尝，细心了解我的心愿。我除了为自己和这里的矿工祈福，也为这个守护传统文化的25岁男子祈福，希望他有个美满的人生，更希望他可以摆脱在地下矿场的生活里，曾经在14岁至18岁当矿工的他，即使转行当导游，还是得每天待在那吸入废气，我还是挺担心他的健康的。

晚上的PEDRO收起了下午的淘气和幽默，换了认真和诚恳。祭祀完毕，在冰冷的夜晚，摄氏0度以下，PEDRO拉着我的手，小心翼翼的带领我下山，笑说要我当他15分钟的女朋友，我担心路陡摔跤也没松开手，到了平坦的路才放手，PEDRO可能有些失望，但是，我也不想他会错意。已经超过半年没有男朋友牵手的我，此刻也没有特别的感觉，想起他的人，反而陌生起来，突然会问自己我爱过这样的一个人吗？在南美洲待了两个多星期以后，世界似乎变大了，自己也懂得怎样爱自己了，更发现爱情原来真的只是人生中很小的一个部分，很多事情不是一定要有爱人陪伴才能完成，所以，我当时连回来尝试发展恋情的念头也打消了。

没有刻意的想到什么地方，就是在几条街道绕啊绕的，就发现这些殖民地时期的建筑物。人们还没出门的早上，冷清的街道也因为建筑物的特殊而变得有色彩

尽管如此，内心深处，我还是希望真命天子有一天会出现，分享我的生活点滴。幸福离我还远吗？

PEDRO在山上时曾问我要不要嫁给这里的男人，我笑说这里的天气让我吃不消，事实上是要我嫁给矿工还是嫁给导游？这里可没有白领阶级供选择。无论如何，PEDRO后来在下山时讲的话，让我非常的感动。他说他们的生活虽然简朴，屋子有点简陋，但是他们知足长乐，生活过得幸福美满，我深深的体会到他们爱生活，也爱自己。

离开他家回旅馆的时候已经是晚上11点10分，PEDRO还是不愿收下我的钱，后来我要求他送我回旅馆的时候，他才开口要我付双程6.55令吉／15玻利维亚币的车资，算是两人扯平。这里搭短程出租车并不便宜，所以PEDRO平时都是步行的。

到了旅馆，PEDRO亲了我两边脸颊以后，我们再也没见面了。一天，他的样子可能已经记不起来(我没带相机到地下矿场，就寄放在PEDRO的办事处，所以没跟他合照留念)，但是，我会永远记住当晚的祈福之旅。PEDRO，你要幸福哦！

对Potosi有种不舍心情的我，在离开的巴士上，拍了对街市场的情景

这些人在路上送别搭巴士的亲友

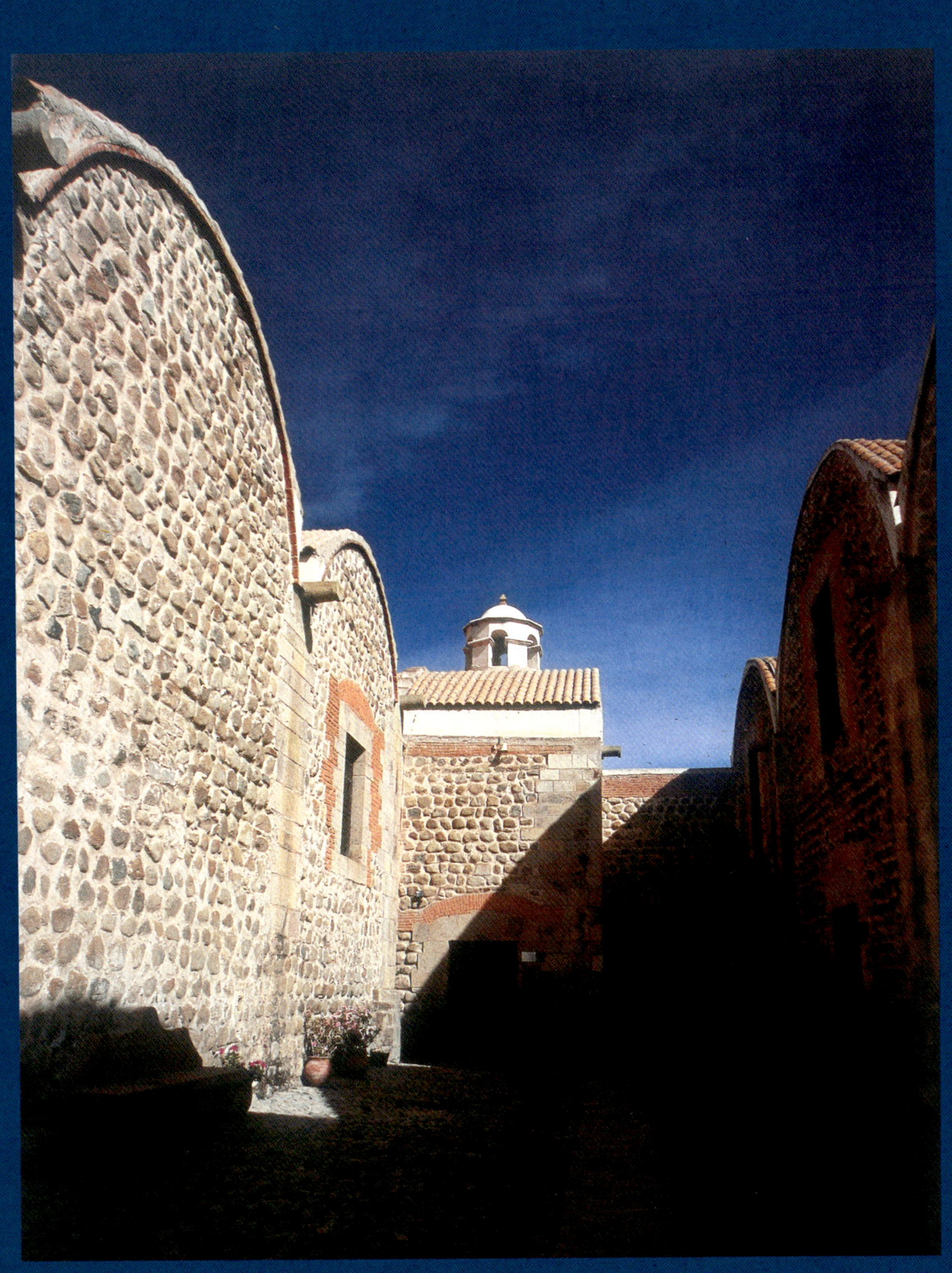

这是国家铸币厂博物馆的墙壁。其实在墙的另一边，有位警察在等着把我送出门口。放心，我得赶着去吃午餐，不是犯了什么大错

多云的早上收获不多，但是夕阳真的是无限好

如果硬要找个智利男人撑场面，完成这部分的四国男人有情篇，就得将飞机上邻座的男子抖出来。飞机从智利北部城市卡拉马(CALAMA)起飞到圣地亚哥之前，真的是夕阳无限好，不想错过这一刻的我，只能说声excuse me，也不管他懂不懂英文，就是得把相机从头顶上的行李寄放处取下，将美好的一刻记录起来。

天色暗了以后，我只是忙着写日记，不知什么时候，他开口跟我讲话，还是一口流利的英语。没错的话，他的第一句是问我从何方来。他算是唯一一个凭我的面貌就知道我不是日本人的南美洲人。理由很简单，因为深造和工作的关系，他在日本待了5年，日本人和其他亚洲人的样子，他已经懂得分辨。他还是少数到过大马的南美洲人。

样子老实，名副其实是上班族的他架着副眼镜，有着一头稍卷的长头发，因为有着印第安人血统，肤色稍黑，所以在入境大马的时候，符合了少许恐怖份子嫌疑的条件，被移民局多问了几句，后来移民局的人知道他是跟一名日本人一起到大马参加同学的婚礼，才盖上印让他入境。没错，他在日本的同学，一个大马人，广邀同学到大马观礼。这位我忘了大名的仁兄，也趁此机会到停泊岛去度假。热爱潜水的我，当然试图打动他再度到大马学习潜水，不过，智利其实也有潜水的好去处，但是水域、温度和海底生物的品种肯定跟大马不一样。

事实上，他已经回到智利工作，而且是一个月前的事，所以当他知道我要搭乘巴士到旅馆的时候，他也不晓得我该在何处上车，不过对祖国还是熟悉的他，也还是极力推荐圣地亚哥的鱼市场。

为了证明他真的是在日本待过也来过大马，我也出了几道“考题”，证实他真的懂日文，也知道AIR ASIA的存在。反正搭飞机无聊，我出考题的方式很生活化，不会拆穿我的动机，就这样跟他聊了下去。

抵达时，我因为上厕所的关系跟他分开，回去领行李的时候，虽然看到附近的他，但是也没有到他身边继续哈拉，就这样结束了遇上智利男子的平凡故事。

离开智利是日出时分，智利给了我日出日落，算是对我疼爱有加

You Must, You Have To or You Want To?

如果搭乘马航到布宜诺斯艾利斯，一定会在南非的约翰内斯堡(JOHANNESBERG)和开普敦(CAPE TOWN)各停留一个多小时。飞机降落约翰内斯堡的时候，我担心上来的乘客多，怕机舱行李寄放处会爆满，结果没有落地，留在机舱里守住相机和菲林包包。

留意我一段时间的邻座男生，赫曼(他说在大马机场已经留意我了)，也没有落地，开口搭讪在写日记的我。赫曼在亚洲待了一个月，半工作半旅行的游走了印度尼西亚、新加坡、马来西亚和中国，对大马的印象非常好。我在飞机上填写入境表格的时候，他看着我的资料，说他比我小一岁，我不怀疑也不需要相信。

一个多小时里聊了很多各自国家的事物，他当然盛赞阿根廷的牛排是全球之冠，还说可以当地陪，带我去吃一顿丰盛的美食。不吃肉只吃海鲜的我当然很抱歉的谢过他的好意，他竟然说有一家吃鱼的餐馆也不错！聊啊聊的，他主动把他在阿根廷的所有联络号码，家、办公室和手机的号码，个人和工作的电邮通通都给我，说24小时都可以联络他。从他的名片看到他负责的是国际物流，不过他可是个合格的会计师。我当然没有把任何联络方式留给他，他也没问，我就留着这张名片，3个星期以后才决定是否找他当地陪。

3个星期过去了，在圣地亚哥腹泻的那一天，除了给身在越南的朋友发电邮，就碰碰运气发了电邮给赫曼，通知他我第2天会飞抵布宜诺斯艾利斯。不在布宜诺斯艾利斯的他非常快速的回复。基于我的通知有点迟，他已经和侄女约好陪他们过周末，所以只能在下午赶回来跟我会面，两人就这样约好了12点钟在布宜诺斯艾利斯我下榻的旅馆通电话才决定约会的时间。

那天他蛮赶的，结果是比约定的时间迟了45分钟才来旅馆接我，在阿根廷的夏天骑自行车的他，

我和赫曼在南非的约翰内斯堡结缘

冬天搭巴士；有点怀疑他的说法，但是，我宁愿不到他家去证明他有一辆自行车。结果，我们的约会当然是全程搭巴士，他也还很有风度的帮我出车资。

那个晚上，他先带我看夜晚的总统府、教堂、广场和国家银行。我特别爱看宁静夜晚亮着灯的建筑物，感觉他们的格调分外的高雅，当然在冬天的夜晚也增添了浪漫气氛，而布宜诺斯艾利斯是我到过的南美洲大城市中最暖和的一个。

走过交通圈，越过几条街，意外的发现已来到了河口，这个曾经被遗弃的港口和仓库，在1991年被翻新，保留红砖外观的仓库，现在变成了40家餐馆、10家酒吧、办公室、酒店、戏院的所在地。客人可以边用餐，边欣赏河对岸高楼耸立的夜景，这里有点胡志明市市区港湾的感觉，但是，这个规模是小很多，也没有胡志明市的渡轮餐馆，可以带你夜游大江。

我以为他真的那么浪漫，要在这里来个烛光晚餐，但是，赫曼并不准备在这里用餐。原来我3个星期以前说过的话，他记住了，真的是带我到专卖鱼的餐厅去用餐，而且当时不到晚上8点，还不是阿根廷用餐的时间，所以他尽地主之谊，先带我夜游布宜诺斯艾利斯，认识这个他生活的城市，要我爱上这个城市。

港口停泊了一艘海事军校博物船，不过晚上时分，我当然什么也没看到。赫曼说这里曾经是贫民区，那时没有人会愿意在这里漫步，翻新以后，身份就像灰姑娘变皇妃一样高贵，还乘机油腔滑调的赞美我。

离开港口走过大街，有了回到吉隆坡的熟悉感，像SHERATON酒店，MICROSOFT，ABN AMBRO这些大名陆陆续续的出现在一幢又一幢大楼的顶部。

再度坐上29号巴士，我们绕过了之前提过的全球最宽的AV 9 DE JULIO，他当然也自豪的给我介绍一番，就像我会大力推荐神山／京那巴鲁山一样。到PALERMO HOLLYWOOD 需要经过市区、RETIRO和RECOLETA，所以那个晚上，我算是游完了布宜诺斯艾利斯主要景点的

Puerto Madero

所在区，看到了这个城市繁华的一面，也看到了赫曼就读过的大学，整晚的心情是非常的欢喜，心想自己也找对了地陪。

仅是名字，HOLLYWOOD，就知道这个社区餐馆的装潢、情调和价格是怎么一回事。外头能够以7比索买到的阿根廷白酒，这里是35比索。来之前，贴心的赫曼还给餐馆拨电话订座，但是，餐馆的老板回了一句让他也很尴尬的话："现在是一个人也没有"。其实赫曼就跟其他布宜诺斯艾利斯的市民一样，大约9点半以后才吃晚餐，但是，当晚还是很有风度的迎合我这个8点30分已经抗议要用餐的客人。

替我点餐的赫曼点了一份情侣餐，一条长一尺的鱼摆在两人中间，两端是个人的沙律，有番茄、南瓜和萝卜，知道我害怕吃土豆的他，还特意吩咐不要薯条或土豆之类的，总觉得他也蛮讨好我的。那顿晚餐可是我在南美洲最享受，也是最贵的一个晚餐，是我单人旅游几天的餐饮加起来的总花费。

很有风度的他，还给我兑换美元，给了我3.1很高的兑换率，不过，我只是收下150比索，把较早前买水果早餐的钱还给他，还硬要他给我3张50的，留了张100的给他。整个晚上他都表现得好好先生的样子，让我对阿根廷多了份好感。

我们聊到食物，即使布宜诺斯艾利斯是个拥有国际餐馆，国际菜色的地方，我还是坚

夜晚的她(Puerto Madero)多了一份妩媚，可惜当晚我没带相机出门。这是旅游局免费分发的旅游资讯刊物

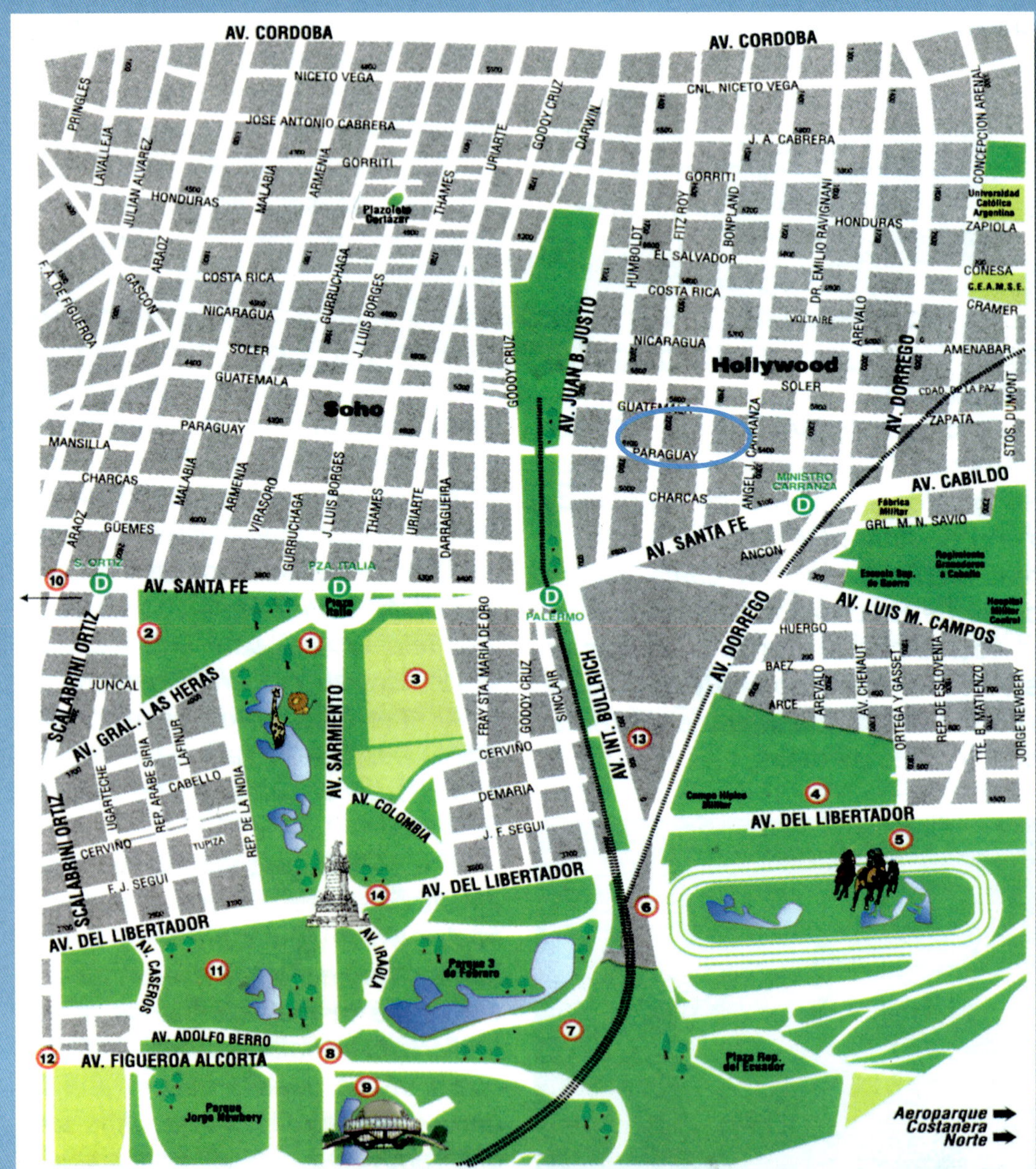

Palermo Hollywood是我第一次跟赫曼享用“情人餐”的地方

持不能在这个肉食天堂生活，臭屁的他，还说他的厨房可以开放给我烹调我想吃的食物。然后，话题不知怎么扯到我的旅馆，他直接表明我住的地方不安全，隔壁就是贫民求医的医院，问我要不要到他家住。虽然我也有着同样的看法，但我也很明确的表示："你家更危险！" 他笑说："你看起来不聪明，但是你挺聪明的！" 他还坦白表明不会做出我不愿意做的事情，这可是经典的一夜情邀约，我可是第一次遇上。但是，我从来不是做这种事情的人，也不相信什么不勉强我的诺言。

他留给我最经典的名句就是"YOU MUST, YOU HAVE TO OR YOU WANT TO？"这是我们走在路上，当我提到我依然选择回旅馆的时候，他所提出的问题。他的意思是YOU HAVE TO是因为第二天，我得早上5点离开布宜诺斯艾利斯到依瓜苏瀑布，行李还在旅馆，所以今晚必须回旅馆过夜；YOU MUST 是因为已经跟出租车司机约好必须从旅馆出发；YOU WANT TO是我的本意，就是我不想在他家留宿。他说，只要我的答案是："I WANT TO"，就把我送回旅馆，我的答案当然是最坚决的第3句。

赫曼因为必须帮我查清楚是在哪个机场登机到依瓜苏瀑布，还是很有风度的送我回去，以便跟旅馆的老板交代，不然他们的司机可能把我送到错误的机场。巴士车上，对我单眼调戏的他还是丢了一句耐人寻味的话，"你再度回到布宜诺斯艾利斯的时候，会待到隔天的晚上才飞回大马，所以并不赶时间，你应该没有借口了吧！"

道别时，赫曼吻了我右脸颊，拍了拍我的肩膀，说他还是希望我回到布宜诺斯艾利斯的时候，拨电给他或发电邮给他。赫曼离开的那一刻，不知是什么滋味在心头？

故事当然没有结束，在依瓜苏的晚上，我没去赌场，也没去看TANGO表演，从虎口幸存下来的我，给赫曼发了电邮。除了感谢他的盛情款待，还是很老实的告诉他，对于他在布宜诺斯艾利斯的生活和居住的环境，我是心存好奇，但是，一夜情从来不是我恋爱的前奏，恋

Palermo Hollywood
Buenos Aires

除了赫曼，阿根廷国内航班机场外的日出，也给我留下了深刻的印象

爱应该从心心相印开始。他的回复依然是会尊重我和一句“WE ARE MATURE ENOUGH TO KNOW WHEN AND WITH WHOM WE WANT TO DO IT。”

让他明白我的决心以后，我还是胆大包天的再度约会他，最大的原因是，晚上我真的不敢一个人走在我居住的社区，走上2乘2个BLOCK去吃晚餐再走回旅馆，还是希望有个男人保护我！虽然我住的地方允许住客煮食，但是，忙着拍照的我，也无暇特意去逛超市买菜，况且一个人的晚餐分量也比较不好处理。

当天是星期二，赫曼因为公事无法在约定的时间接我，拨了电话来，要我到他家等，说这样比较省时间。我除了不想他有机可乘，更不愿意在入夜时分单独出门，还是坚持等他来接我。他还拆穿我，说我害怕到他家，我则以另一个原因，避开话题。由于讲英文的接待生没上班，我有许多出门走访、退房、安排机场接送等的问题需要他来表达和翻译，所以他是非得来接我不可。

没有回家洗澡的他，8点45分站在我的门前，比约定时间早了，原来他特地花钱从公司搭了出租车来到我的旅馆，担心时间耽误了，我会挨饿。因为我已经在咖啡座打底填肚子，所以不饿，反而饭前我还劳烦他陪我到处找MATE茶杯和吸管，但是，始终没有找着。不过，他还是建议我第2天到RECOLETA的超市买，价钱会比较便宜。说起来，他还是个有求必应的好人，是不是因为居心不良，还是他本质也不差，我无法下定论。只记得他说，他羡慕穆斯林，可以三妻四妾。

这一次，我们是到他平常招呼印度客户的餐厅，他也搞不懂是印度餐还是尼泊尔餐，但是，餐厅名字确实是尼泊尔首都加德满都。同样是很丰盛的一餐，同样有红酒。整晚有意挑逗我的他，希望看我喝醉的样子，但是，我怎么也没告诉他我的酒量是一瓶红酒，不过，一如平常，两杯下肚，我的脸蛋就红了。

问他能不能教我跳TANGO，他很坦白的说不敢，因为怕跟我身体接触，会欲火焚身。我反问他吃不吃甜品，他挑逗的说我就是他的饭后甜品！他要我留下来一个月，住在他家也不用缴房租，还要我列出5个非得回大马的原因。他还事先说明，要是食物是理由，他家的厨房任由我发挥，我煮的任何食物，他都可以吃。但是面对这样无盐不欢，无烟不行的男人，我真的很抱歉。他有一个坏习惯，就是没有品尝食物之前，都会撒盐，即使食物本身已经咸也无所谓，那可不是糟蹋我的心血了吗？聪明的我说，我爸亲手烧的菜，这里一定没有，工作这里也找不到，然后是天气，他竟说家里冷热水任我调。第四、第五个理由我说不出来了，因为我本来就是适应力强的人。

虽然阿根廷我是住得了，交通也方便，但是，异国情缘我可没有这个勇气去尝试。度过了超过1/3人生的我，在爱情里怎么还是那么的天真？一夜情之后，他可能走在街上碰见我也当做不认识，醒醒吧！

结账后，他说得走6个BLOCK到他家附近搭乘152号巴士回旅馆，主要是29号巴士会绕好大一圈，比较费时。这次我可没怀疑，因为，他很早就说过，他家到我的旅馆是非常方便。走啊走的，他突然挽着我的手，哼起结婚进行曲，还真的开口说要抱着我一块儿睡，不做我不愿意的事，又或者他到我的旅馆跟我同床。摆明是有企图，却把尊重挂在嘴边！我还硬撑说他油腔滑调，女朋友不只一个，就随便叫一个陪他好了！

防不胜防的时候，突然他在街上把我身子一转，像跳TANGO似的抱住我的腰，想要当街亲吻我，还好我反应快，把脸转了过去，也推开了他，不管旁人眼光的他，还不死心的问我为何不接受他的亲吻。刚好卖花的档口在前头，他还说要给我买花，这可是男人第一次在街头对我那么的浪漫，但是，因为害怕而不是陷入爱情，心跳加速的我只能说，明天不能把花带回马来西亚。

我的心一直不能平静下来，到了巴士车站，他阻止我截巴士，还唬我说这是最后一班车，拉着我的手，尽最后的努力说服我改变主意，说我年纪不小，一夜情不是什么大不了的事。我只好慎重地告诉他，我们才见面两天，我不认识他，没有那么随便的道理。更气的是，他应该不想赔了夫人又折兵，所以当晚就不送我回去，虚“有风度”的说给我付出租车的车费，把我送回去。我可不敢午夜十二点半独自搭出租车，我宁愿搭巴士，所以拒绝了他的好意。

巴士到了，无论如何，我都得上车，不跟他胡扯了，他要求我在他右脸留下一个吻，我生气的说他把我丢在路旁，不可能亲吻他。我也不管当时赫曼是不是也在诅咒我，就这样不欢而散的上了巴士！虽然巴士上还是很多搭客，但是我真的很焦虑，很担心自己之后的安全，更生气他不够风度，硬说一个小时车程对明天上班的他来说很累，难道跟他回家就能早点休息了吗？

飞机起飞不久，在南美洲尽是看见山脉的我，终于看到东海岸的大西洋

巴士应该是20分钟之后把我送到旅馆门口，还好一起下车的还有两个正经的上班族，可能也跟我一样才结束晚餐的约会。手里拿着大门钥匙的我，越过了马路直奔旅馆，火速开了大门，然后往房间奔去，倒在床上，很困的睡着了。这是我喝了红酒的正常反应！

第二天发了电邮，除了表达我的失望，还数落赫曼的不够风度，也怀疑他会给马航拨电，帮我改餐食。赫曼可能受到挑战，一接获电邮就马上给我拨电话，还要我旁听他拨给马航的电话。当然，也不忘了给自己辩护，说他知道巴士会把我安全送回家，然后尽是讨好我的话，希望我不要生气，可能他的功夫到家，也可能我太好骗，也原谅了他。无可否认，因为他，我在阿根廷也度过了两个浪漫的夜晚，认识了布宜诺斯艾利斯另外的一面。

回到大马的前两个星期，我们还有电邮联络，他还是教我如何使用MATE茶杯，也关心我是否找到工作，只是演戏吗？我已不想去分辨！

意外惊喜篇
Surprises

这个以铁路联系的小镇，有着不一样的韵味

小小温泉镇魅力不减

参加印加古道4天3夜“朝圣行”的登山者，会在最后一天早上破晓以前，直接到达马丘比丘的太阳门，等着日出的那一刻。而我们的LARES VALLEY TREK只是两天半的徒步，徒步的路途止于OLLANTAYTAMBO，然后得乘坐46美元的火车到AGUAS CALIENTES留宿一晚，在隔天的早上6点，搭乘短程巴士到马丘比丘看日出。

AGUAS CALIENTES中文翻译是温泉镇。南美洲之旅即将结束的时候，我才知道单词AGUA CALIENTE就是热水的意思。

喜欢上温泉镇的理由很简单，这个可以步行就走完的小镇，白天和夜晚都有着迷人之处。白天因为地方小，没有交通工具，每个人都得徒步的关系，不仅人与人之间没有疏离感，连身心都在这个免受空气污染的环境比较轻松自在，没有压迫感。

晚上也因为地方小，大家集聚一堂。餐馆的灯光让整个小镇弥漫了浪漫的气息，逐一欣赏每家餐厅的布置也是一种享受。也不知道是不是群山环绕的关系，走在街上气候是凉得刚好，而不是寒气逼人。

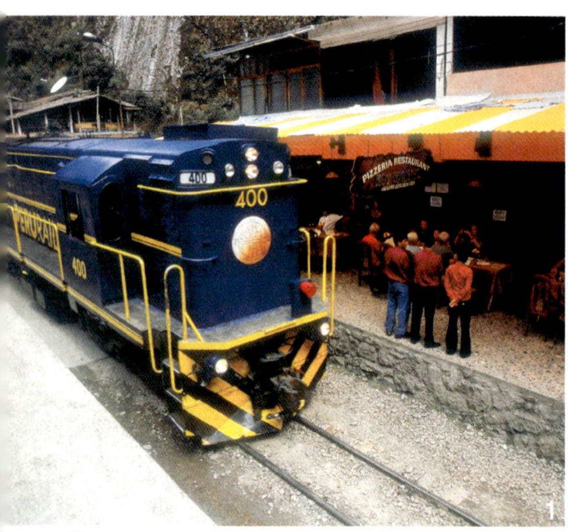

PERURAIL
400
PIZZERIA RESTAURANT
1

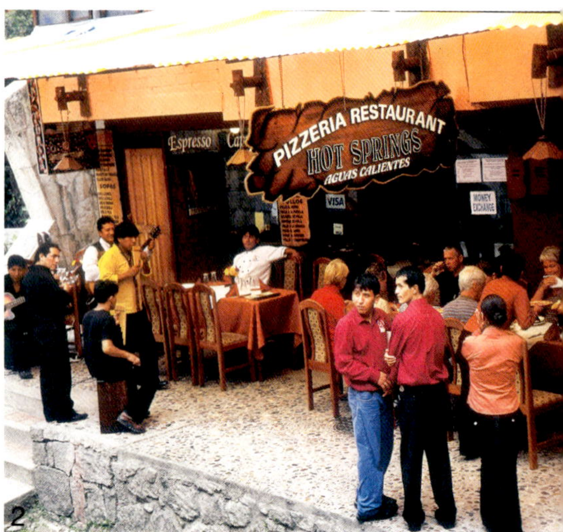

Espresso
PIZZERIA RESTAURANT
HOT SPRINGS
AGUAS CALIENTES
VISA
MONEY EXCHANGE
2

WELCOME TO
INDIO FELIZ
Restaurant bistro
Franco Peruano
REST. PIZZERIA
INKA WASI
3

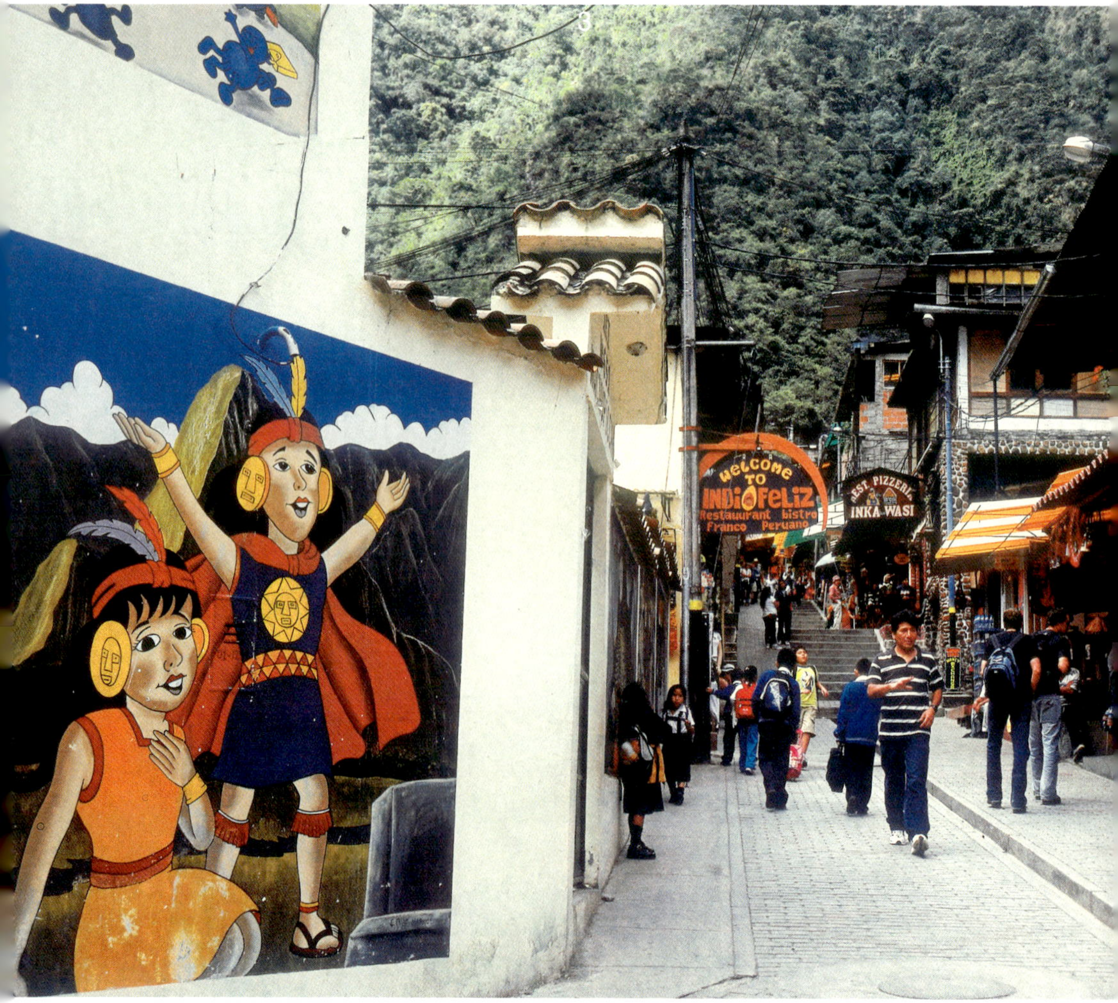

最喜欢到铁路旁看火车经过，然后不须付费就可在对岸欣赏乐队在餐馆外演奏传统乐器。如果可以跟心爱的人跋涉了两天半以后，在这个平静，被群山包围的小镇，找一间有特色的咖啡座喝下午茶，然后来个印加传统按摩，晚上找个浪漫情调的餐馆享用烛光晚餐，消磨夜晚的时光，该有多幸福！可惜我是单身，上述的事情，一件也没做，只是到广场看印加国王威风凛凛的铜像；到一所小学看着学生们上学放学的兴奋样子；到邮局寄了张明信片给自己；到小小的教堂看一看，祝愿这里的人们幸福美满。

不喜欢爬台阶的人们，可能会在这里叫苦连天，但是，对那些没走任何“朝圣道”，直接搭火车到这里，然后搭乘短程巴士前往马丘比丘的游客来说，在温泉镇的训练，也算是到马丘比丘以前的一个热身，因为山上的遗址还有数不尽的台阶等着你来攀登。没有计算过往泡温泉的路上要走多少的台阶，也没有到那里泡澡，只知道往上走去尽是咖啡座、餐厅与购物的店铺，物品是琳琅满目，气氛是非常热闹。很多经营餐馆的人会在门前招揽生意，免费付送PISCO SOUR酒作为欢迎到访的饮料。

4

1 捕捉到火车经过的画面，真的好欢喜

2 铁路旁尽是餐馆和咖啡座，晚上在乐队的伴奏下是另一番浪漫滋味

3 墙上画的就是穿着印加服饰的小孩，右边的台阶就是上百台阶的开端

4 这是我投寄明信片的证据

与玻利维亚总统共度争取独立周年庆典

玻利维亚是世上很少拥有两个首都的国家之一，看旅游手册的时候相当的混淆。后来我从网上了解到，最早期的首都是苏克雷(SUCRE)，后来在某一次的选举过后，国家行政和经济的事务转移到拉巴斯，苏克雷的首都身份只是保留在立法事务上，她同时也拥有联合国教科文组织认可的历史古都的地位。

这家官方机构的牌匾蛮有特色的，感觉玻利维亚就是个彩色世界

5月24日，抵达立法首都苏克雷的时候，PEDRO说我有幸可以跟玻利维亚总统共度争取独立周年庆典，我也没抱着太大的希望会见到他，因为我也不是什么高官显要，不可能进入总统府跟他会面。当我知道24日早上和晚上都有游行的时候，格外的兴奋，尤其是游行的地点就在旅馆前面的那条街，更是欢喜，只可惜导游说他们不会穿上传统的服装，算是欢喜中的一大遗憾。

1809年5月25日是玻利维亚发动所有南美洲西班牙殖民地争取独立的日子，“苏克雷”则是源自第一任总统。

到旅馆登记以后，第一时间就来到了街角，找到了婴儿推车前的理想位置，间接的有宝宝的妈妈在后头给我看着我的相机背包，也没有人阻挡我的摄影视线，就这样顶着太阳，尽情的拍摄。

原来参加游行的都是在校学生，大部分可能是大学生，因为苏克雷本身就有两所大学。学生们挥动着国旗，手上拿着庆祝争取独立周年庆典的菱形旗帜，由乐队伴随，后头还有操步的学子。很多父母站在路旁、等待孩子经过，给他们打气。

很多领队都是拿着这种菱形的旗帜，我还是搞不懂是什么含义

在同一个街角拍腻了，就巡着游行队伍的反方向，逆流而上，反正游行的路线就是绕过广场，我正好可以到广场看热闹！来到PLAZA 25 DE MAYO广场，意外的发现总统就站在路旁检阅经过的队伍，身旁居然也没有保镖。不过，离我不到5米的军人，却是眼观四方，留意可疑人物，拿着长镜相机的我难免被瞄了一下。除此之外，每隔一段距离都会有军人驻守，同样的眼观四方。

虽然玻利维亚第一任印第安籍总统并不英俊潇洒，但是看到他就好像看到影坛巨星那样兴奋，因为除非我是国际新闻记者或大马外交官，部长又或者是商务领袖之辈的，才比较有可能跟异国总统会面，然而，现在的我，可是一个没有身份的待业者，竟有幸在不到50米的距离看到他的风采。只可惜他后来一直跟一位女士在后头聊，就无法多拍他欢迎游行队伍经过的画面。而摄制组在现场也可能把我给拍了进去，能在玻利维亚上电视，比出现在大马电视屏幕更为荣幸，因为那是一生难得的机会！

1 偶尔小孩会跑到游行队伍的路上，还得劳烦警察开路

2 这位小帅哥可别只是小时了了哦！

3–4 整齐的队伍陆续的经过面前

5 你觉得他们的制服怎样？
6 穿着玻利维亚各州女性服饰的女学生走进游行队伍，是当天的一大惊喜
7 肩膀上披着白色布条的就是玻利维亚总统
8 我跟前面这位仁兄有过眼神的交流

窥探当地民情的巴刹巡礼篇

回来看了西班牙语—英语翻译词典，还是搞不懂这是不是头羊，牌子所写的是某个部分的价格，比方肉，骨，脚等等的

到唐人街外围窥探早市

拜访利马唐人街的早上，虽然是有点失望，但是，也意外的走入这个坐落在唐人街外围的巴刹。这个规模不小，分门别类的巴刹，吸引我目光的就是售卖肉类的档口。不吃肉的我，只要忙着从高角度找到想要的构图，就会忘记去分析残忍与否的想法，也还好没影响那个早餐的胃口。

来学习生字，Pollo就是鸡的意思

这里都分门别类得很清楚

圣地亚哥鱼市场热情的男性鱼贩

之前对摩洛哥鱼贩留下良好印象的我，从旅游手册看到圣地亚哥鱼市场的时候，就一直很期待到那里看个究竟，因为这毕竟是一个面积相当大的鱼市场。

虽然到达之前有了心理准备，但是，还是很意外的发现环境非常干净，没有湿漉漉的感觉，更令我放心的是，这些鱼贩也同样的热情，爱上镜，没有粗声粗气的喝住我。只有一个不友善的鱼贩，不配合他的伙伴，就是不肯让我拍照，即使是海产也是禁止拍照，我当然是识趣的走开。

其实，一踏入鱼市场就非常顺利，第一个拜访的老板，不仅允许我拍照，还给我介绍各类海产，给我剥开逐一拍摄，很开心看到海胆的肉是什么样子，因为之前只知道潜水的时候要避开它，不要被刺伤。乐意上镜的老板也没要求我买任何海产，完全是尽地主之谊，这给了我很大的信心继续拜访其他的档口。

喜欢这里的灯光，喜欢这里的店面招牌

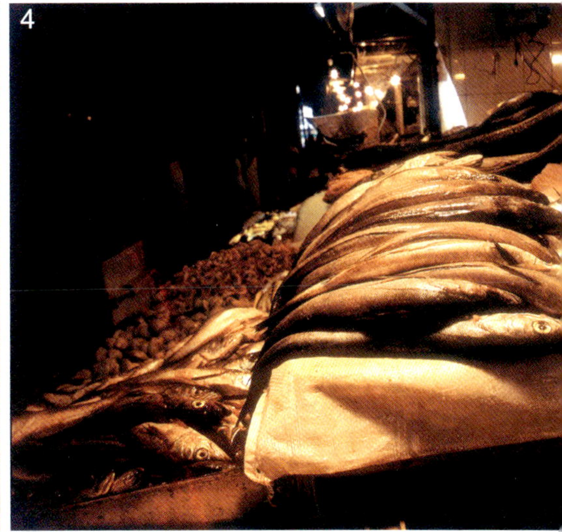

1 正忙着把海产分类的他，就是第一位欢迎我的老板

2 不知道这只螃蟹有什么名堂

3 那么大块的鱼肉，我可是大开眼界

4 这些鱼是否也在我们的水域出现？应该不会吧！

鱼市场的门口站着招揽生意的海鲜餐厅侍应生，竞争蛮激烈的

对于一个陌生女子自己游逛鱼市场，当然会引来好奇的眼光，也会有人搭讪。一般都是他们先说：“Japanese？”我就一句：“Malaysia！”然后微笑着反问一句：“No english？”就可以脱险了。他们不懂英文就是我避开纠缠的最佳武器。当然也遇上过略懂英文的，还要求跟我合照的，不是嫌弃他们的身份，而是我是从来机不离身，把相机交给陌生人，这点我可办不到，所以只能微笑着摇头。合照不成，他还要求我把帽子留下作纪念，那顶帽子除了是我需要以外，也是中国制造的企业帽子，对他来说没有纪念价值，所以我还是没答应，客气的丢下了一句：“I need it。”也不知哪个淘气鬼，把准备包海产的报纸放在我相机背包上，幸好是干净的，不然他们好好先生的形象可要大打折扣。

这些章鱼好像在瞪着逛鱼市场的人

在同一屋檐下，发现冷清的菜市场

Uyuni的地标，8点45分，市集开始热闹起来

UYUNI 星期日的露天市集

UYUNI是游客进入玻利维亚盐湖以前，必定停留的小镇，这里只是两条大横街，没什么可圈可点的地方。但是，那个早上起床望出窗外，意外的发现地方集市即将热闹起来，也惊觉当天是星期天。旅途中总不经意的忘了日子，因为留意周末都是事先安排行程时该做的事，身在当地的时候是电视、报纸、新闻都是没有的事，只是幸运的在玻利维亚住了4个有电视陪伴的夜晚，而我则是选择MTV频道，听抒情的拉丁情歌，度过一个人的夜晚。

你一定猜不着我在集市买的第一样东西是什么？是一把中国制造的梳子。我在出发前一直有预感遗漏了什么东西，没想到是梳子，而MAGGIE也忘了，所以好几天没梳头之后，我们在营中生活的第三天，就乘大家用完早餐离开帐篷以后，把用餐的叉子抹干净当梳子，梳理打结又干燥的头发，虽然滑稽却也非常的管用，两人还边梳头边爆笑。

UYUNI的集市除了日常用品、纺织品以外，最吸引我目光的就是铺满一地的水果，买了两个柑橘企图打动妇女的心让我拍照，但是，她还是迷信地掩着脸，反而是隔壁的老婆婆一点也不理会我的存在，可以随心所欲的拍了她几个动作。

忙碌的婆婆任由我拍照

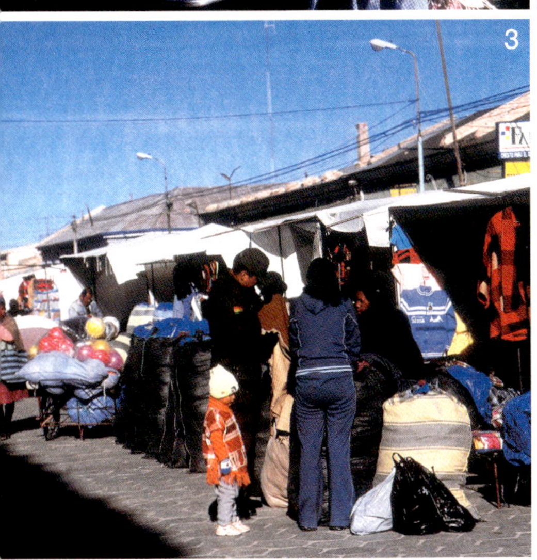

1 这一箱箱的水果看起来蛮新鲜的，阿姨开的价也很公道
2 婆婆下一个动作是跟我讨钱，我假装不懂，走开了
3 像我们的一些早市，日用品、服饰等等都可以在这里找到
4 当天是玻利维亚的母亲节，蛋糕销量蛮好的

QUINOA就是我在秘鲁爱上的食物，汤或粥都一样可口，
听说这也是太空人的食物

偶尔有幸遇上的美食篇

和MAGGIE苦尽甘来的美食回收

总觉得秘鲁人继承了印加国王的奢侈习惯，用餐配的饭是我三餐的分量，而且也不是每个人都会吃完，好浪费！JOSE却骄傲地说："没关系，秘鲁食物多得是！" 但是，我跟MAGGIE可不能就这样入乡随俗，还是共享一碟正餐。

两个星期内最具水准的中餐就在NASCA的南国酒家

这些应该就是秘鲁人烹调的主要配料吧？

两个星期里吃过5家中餐，建议大家不要抱太大的希望，因为本土化的中餐好咸，煮法和菜色都是选择有限，一成不变的迎合当地人的口味，而且大部分不卖鱼，那是我的致命伤。由于无法找回正统中餐的味道，所以有时候会觉得，在当地餐馆吃跟在中餐馆用餐也没差别，只有NASCA南国酒家的虾炒饭和炒杂菜能够顺利入围。MAGGIE回大马以后，我可没光顾任何中餐馆！

对我们来说，登山和留宿温泉镇那一段时期的食物是最开胃的，长途跋涉以后能够吃到美味的食物，用苦尽甘来加以形容，一点也不过分。虽然他们要配合不吃肉的我和一个吃素的英国男生，但是，在物资缺乏的高山上，他们总是可以把茄子、很多馅的煎蛋和小米粥煮得非常的美味，温泉镇旅馆的素食LASAGNA，现在回忆起来也垂涎三尺。

最后的自助餐除了有好吃的素食意粉，还有一个让我对土豆刮目相看的主食！这个圆形蛋糕造型的主食，听说还是秘鲁有名的食物。薯泥代替蛋糕的面粉与发粉，鸡肉替代中间间隔的奶油，表面是用剥开、切了半边的鸡蛋点缀，柠檬汁的调味，淡黄的色泽，着实是不可抗拒的美食，唯一的遗憾是忘了记住他的名字。

再来就是的的喀喀湖芦苇岛上，新鲜的TROUT FISH。他们自家门前撒网饲养的淡水鱼非常的新鲜，酥脆的炸鱼配上姜汁，简直是美味极了。而姜的发音正巧就跟广东音一样，所以至今都没有忘记。好久没有看到这个熟悉的酱料，我可是吃得开心的不得了。所以回程的时候，我和MAGGIE还是舍弃塔姬勒岛的土豆午餐，起个大清早，除了赶上半天的学堂游，就是回到芦苇岛再吃一条鲜甜的炸鱼，喝一杯新鲜果汁。至于芦苇草，JOSE说味道像香蕉，但是，餐馆老板给我们采摘的却有点苦涩，无法形容是什么味道，也不是多汁的那种感觉。

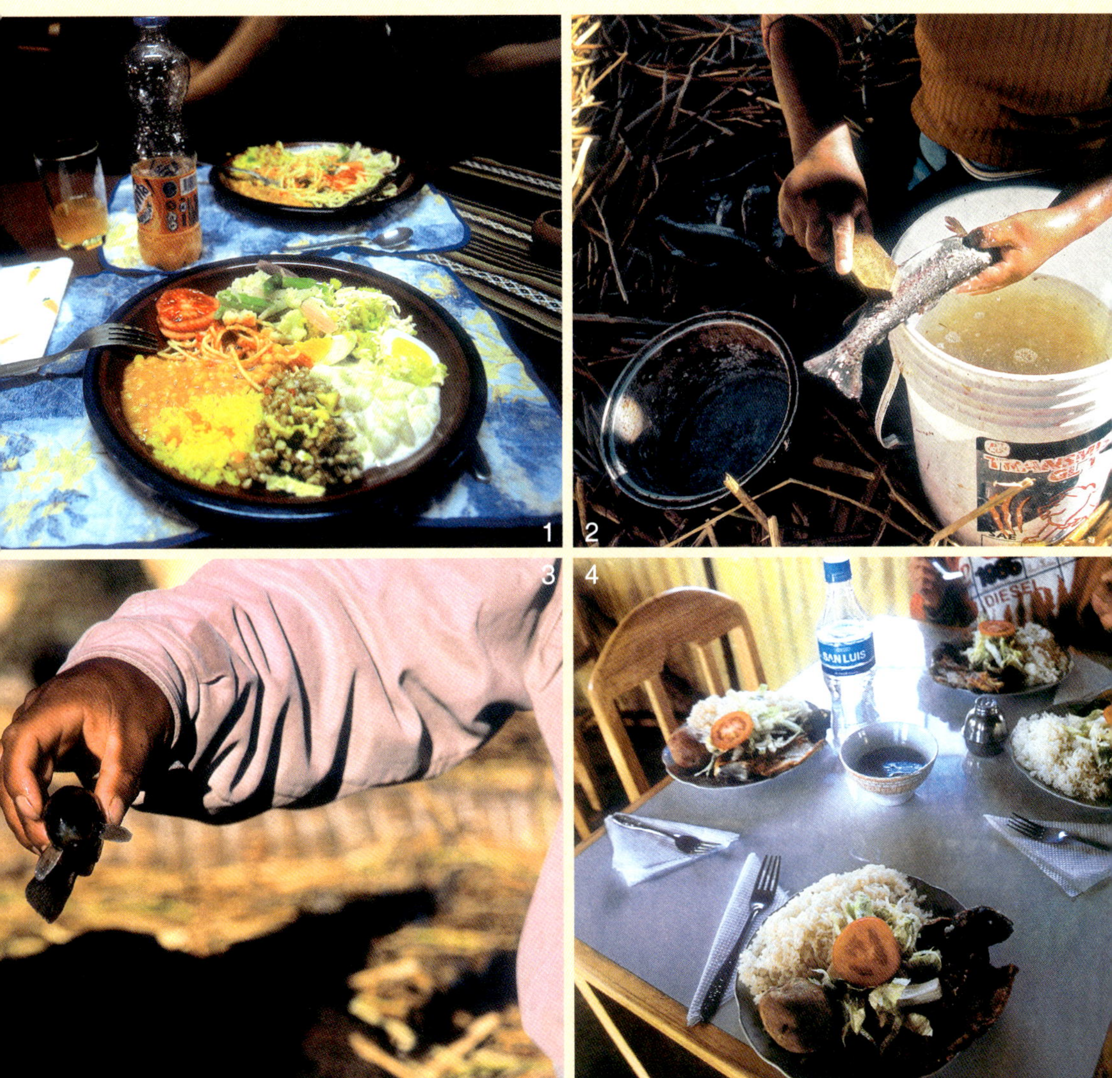

1 那个已经不成蛋糕造型的主食最有派头。我贪心的把所有食物堆在一起，只是想表现自助餐的丰富。抱歉！我的碟子少了肉！
2 就是这种鱼让我们胃口大开
3 芦苇岛的居民吃的是这种叫Carachi的鱼
4 我们怀念的芦苇岛炸鱼，酥脆得连骨头也吃下去，看看饭的份量！

19美元的火车票和15美元的午餐

从库斯科到的的喀喀湖的落脚城镇普诺，除了可以搭乘巴士，还可搭乘舒适的火车。曾经挣扎是不是要搭头等车厢，以便在私人了望台拍风景的我，最后觉得130美元太奢侈，还是搭了19美元的背包客车厢。

耕种的人群和他们的爱犬

可别小看这个车厢，大的背包除了像搭乘飞机一样有行李寄放处，车厢里可是非常的宽敞，两个面对面的座位，中间是一张铺上桌布的桌子。因为是淡季的关系，我跟MAGGIE还是可以一个人4个座位的任选，哪里的风景好，就到哪个窗口拍照，幸好当初没有冲动地慷慨解囊，捐一大笔钱给秘鲁铁道公司。

火车开了不久，服务生送来了西班牙文菜单，给我们打开以后说是15美元，已经有心里准备会被砍菜头的我们，既不能跳下车厢找食物，又不能不吃午餐，理所当然就从菜单中选择我们要的主餐，咖啡或茶的。而第一样登场的是秘鲁有名的PISCO SOUR酒，他们的白葡萄白兰地酒，还挺好喝的。

大概是1点钟左右，饿得脚软的我们，也因为大背包寄放在行李处，无法吃自己带的干粮充饥，左顾右盼等待我们全程以来最贵的午餐。

餐前面包、南瓜牛奶果汤下肚以后，看着她给一些乘客送上汉堡包，我们才惊讶的互问对方是不是没把菜单看完，只看了开出来的前2页，要不然怎么没看见这个？既来之，则安之，就好好的把15美元的东西扫清光吧。餐前汤既然那么美味，主餐应该还不赖吧！结果非洲鱼加薯片真的没有让我失望，吃得很欢喜。接下来的咖啡慕士甜品更是没话说，已经相当饱的我，把它留下，慢慢的跟茶一起品尝。

15美元的代价可不仅是这些哦，下午4点，服务生又送来了下午茶和饼干，两个人好像贵妇般在车厢享受这份惊喜，点汉堡包的乘客当然只有看的份。

1 空旷的土地加上蓝天白云，旅途变得更加的愉快
2 火车突然停下，让游客光顾这些摊位
3 火车上还有给我们唱歌的乐手，当然，最后他会自动向我们索取小费

1–2 难得看到妇女在牧牛羊

3 夕阳下，牛群在湖边喝水

4 太阳下山的那一刻，车厢里的所有乘客，都跟我一样享受着拍摄日落的满足感

1 Potosi的Kaypichu。我通常都会坐在右边最后的角落写日记，等待着食物给我的惊喜

2 我在圣佩德罗日阿塔卡马经常光顾的那间餐馆的门面，就是这样的不起眼

3 由于语言不通，这间餐馆的老板娘带我到厨房看她煮好的食物。因为全都是肉，只能说声谢谢离开！

4 有位外国男子一直把坐在窗边的我拍进他的画面里，我也不甘示弱，把我的比萨和店面拍了下来

连续多次光顾的动机

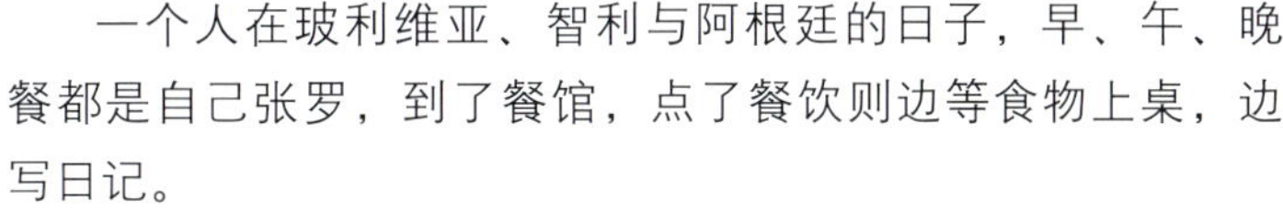

一个人在玻利维亚、智利与阿根廷的日子，早、午、晚餐都是自己张罗，到了餐馆，点了餐饮则边等食物上桌，边写日记。

虽然我向来都有冒险精神，喜欢尝试新事物，但是这次基于费用、喜爱用餐的环境、服务生的服务态度以及菜单吸引力的关系，竟然都是光顾同一家餐厅三四次。唯一不变的是，每一次都点不同的食物和饮料。

POTOSI的KAYPICHU，我可是光顾了4次，每一餐都准时从旅馆走3乘1个BLOCK来这里报到，即使是晚上9点走在街上，还是很放心。从旅游手册看到这家餐馆的素食餐评价很高，就抱着极高的信心找到了这家位于二楼的餐馆。总爱挑战新鲜事物的我，点了一些名词有代表性的餐饮，这里给大家推荐的是BRAZILNUT SPAGHETTI、TROPICAL PIZZA（水果和橄榄比萨），饮料则是香茅LEMON GRASS，这可不是茶袋热饮，味道真的很香醇。还有就是KAYPICHU的招牌饮料KAYPICHU SPECIAL，用WILLKAPARU CORNFLOUR，牛奶和蜂蜜调配的饮料香浓可口，现在想起来，很想再喝一杯。这里的沙律种类也多，可以蔬菜搭配水果，吃起来很健康。

老板娘跟年纪比我小的女儿养了一只小松毛狗，最后一天我也跟狗狗玩了起来。每一餐我都给他们母女1玻利维亚的小费，每次妈妈都开心的祝福我。加上小费，一餐的费用是

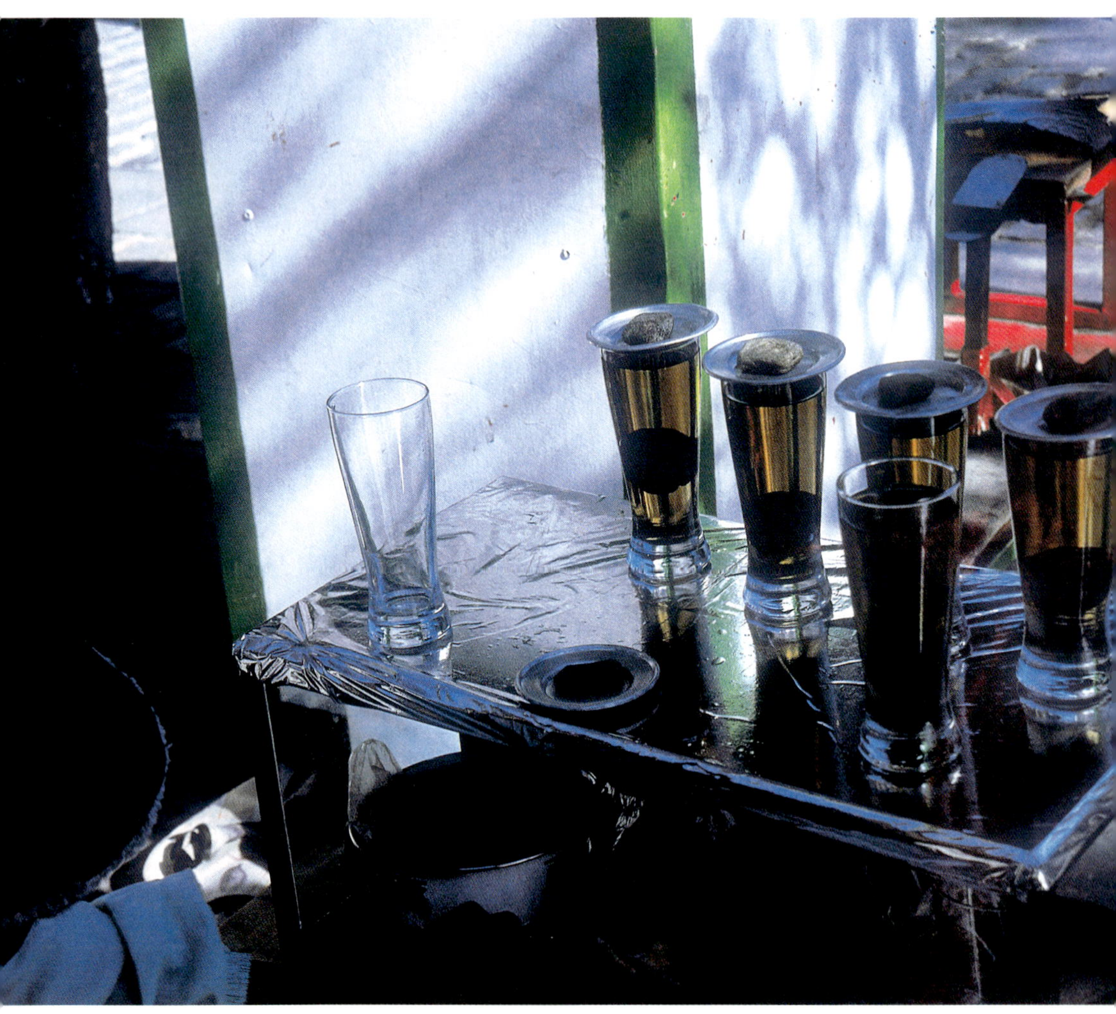

我很勇敢的在拉巴斯的广场喝下的蜜桃干饮料，蛮好喝的，只是蜜桃干果的味道有点怪，还好没事

9.20令吉到12.20令吉之间，着实是物有所值。

在智利沙漠城镇，SAN PEDRO DE ATACAMA，大家一般得花9美元在“旅客街”用餐，我则是在一家外表不起眼，但是高朋满座的当地餐馆，用1.90美元到4.80美元，就可以吃到一顿好的。4.80美元包括两块面包、一碟沙律、炸鱼加饭和一瓶果汁。因为店员完全不懂英语也没有菜单，我只能用我熟悉的几个单字叫了4餐不同的食物：鱼配薯条、鱼配意粉、土豆沙律，还有一次的沟通失误，吃了一碗有一块南瓜、一粒土豆的猪骨米汤，还好我的肚子可以接受肉边菜，也庆幸有餐前面包填肚子，否则这次可糟了！

很多时候，我是他们的首位顾客，也是少有的外国顾客，所以他们都认得我，最后还知道我的食量，只给2粒面包不是3粒。甚至到后来他们的熟客还会来搭讪问好。很可惜，我忘了记录这家餐馆的名字，不过，它的地点适中，就跟圣地亚哥长途巴士公司隔开两间。

知道这个当地人用餐地点的存在，也是因为在旅行社遇上个吃素，加拿大籍，却在巴西开旅行社，目前在智利取经的导游兼老板（听起来蛮复杂的），虽然他只是来了两个星期，却能清楚地给我画这小镇的地图，正确的标上街名，不愧是吃这行饭的人。他看过我的行程以后，发现有一些景点是漏网之鱼，还积极的带我走访其他的旅行社，务必让我在当天到他们的死海“漂浮”。但是因为淡季的关系，最终我们也找不到在当天备有这个行程的旅行社，他为此一直深感抱歉，连声说不好意思。

老实说，我当天也想好好休息，也不想多花钱到其他的湖泊逛，因为PACHAMAMA在前两天给了我很多美丽的景色，再说到死海游泳，谁给我看相机包包呢？就这样，那个下午，我就在旅馆花园的吊床摇啊晃的，多自在写意。

至于布宜诺斯艾利斯的餐饮，到阿根廷的时候，因为兑换钱币的地点离旅馆很远，加上我跟赫曼换钱的时候，忘了计算1次的机场接送，结果用钱还是省着点。就这样看上了旅馆附近的这家咖啡屋，因为没有收据的关系，也不知道这家坐落在PARQUE LEZAMA对街路口的咖啡屋是叫什么。虽然我的主餐选择有限，但是服务生的态度非常好，而且素食比萨套餐（一个比萨、一瓶矿泉水和布丁）是13.50令吉，小费另给也不算太贵。然而我的晚餐，赫曼两回都得花150令吉左右请客，他会不会为这个没有结果的付出而心痛，则不得而知。

海拔3000米以上的快乐学堂篇

School at 3000m above sea level

这个班级有23位学生，她算是班上最漂亮的女孩

在学堂刷牙的淘气孩子

记忆又回到朝圣道，话说第三天相机复原以后，错过了耕种地的题材，却有幸在一个村落记录了孩子们的天真活泼。

秘鲁的孩子比大马的小孩幸运，因为政府的教育津贴是从小学到大学。虽然教育是免费，进入大学也只是需要通过联考，不计较得分高低，但是，这里务农的家庭只是让孩子接受

这两个男生面对镜头一点也不害羞

基本的教育，田地里还需要他们的双手干活，所以很多孩子是错失了受高等教育的机会。

除了教育，小学生还有免费早餐，年纪小的还会到学堂一起刷牙，第一次看到小孩在学堂刷牙的我，比正在刷牙嬉戏的他们更开心。

到学堂以前，我们4个人在杂货店分别花了3SOLES给这些小孩卖饼干和巧克力。我和MAGGIE在出国以前准备的铅笔、笔记本、小纪念品都留给的的喀喀湖的学童，东西那时也恰好没带在身边，都寄放在库斯科的旅馆。

老师点名之后，诚意的邀请我们到课室去看他们上课的情景。孩子们给我们问好，我们则带着见面礼，一个一个的给这23位学子派送零食。小孩们分组用西班牙语和恺切语朗诵诗歌和唱歌，一点也不胆怯。后来，老师还将孩子带到户外，要求两个男生和三个女生表演传统的《勇士求爱》舞蹈给我们看。能够打倒对方的男方就是胜利的一方。腼腆的男生面对女生有点不好意思，看得我们乐开怀。

1 比上课时间早了20分钟到达学校的我，在校门口等待学生进门
2 调皮的小男孩故意衔着牙刷，结果是老师训导他得好好刷牙
3 上课了，第一件事不是交功课，是集体把牙齿刷得干干净净

1

2

3

芦苇岛上的幸福学童

芦苇岛的孩子也挺幸福的，教会在一个芦苇浮岛上给他们盖了6间的课室，让一到六年级的小朋友就读。

不像幼稚园的芦苇草课室，这里的教室是用锌板盖的，班长会在上课的时候，将楼梯收起，谁也不准踏出课室外。如果没记错，跟安第斯山脉的学堂一样，上课的时间应该是早上8点30分，孩子们需要帮忙父母在家里打点家务，照顾小的，把年纪小的送到幼稚园上课以后，自己才三五成群的摇着木桨到学校上课。想起大马的父母是那么的保护小孩，到了中学还是每天载送的，真的是两个不同世界的做法，但是，我却喜欢的的喀喀湖这种从小培养起责任感的教育方式，只怪大马拐带孩童的事件让父母放心不了，才让孩子养成这种依赖性。

我们造访的班级是六年纪的教室，老师从一年纪就开始栽培他们到现在，所以他说，学生离开小学，上中学的时候，必定会舍不得。这8个小孩，5女3男还挺有福气的，他们以性别分组，共用着教室里的两部电脑。

在溺爱小孩的国度里，有多少个父母会允许小小年纪的孩子自己撑船？

楼梯收起，正式上课了

这班同学今年将小学毕业，明年就得到普诺上中学了

这样画圈圈，
勾起了我小时候的回忆

小孩跟阿姨在干什么？
那是流动食堂哦！

你知道小妹妹在干什么吗？
对！是小解

这里的学生较博学多才，学习了不同国家的歌曲，除了自己的恺切语、西班牙语，还有法语、英语和日语，他们都逐一的唱给我们听。

参观了拥挤的三年级和四年级课室之后（四年级的老师忘了带钥匙，只好共用教室），正好是大家下课的时候，孩子们嘻嘻哈哈的尽情玩乐，让我想起了我可怜的小学生涯，下课的时间，除了忙着班长的事务，还得肩负学长的事务，不仅挨出胃病，更错过了这段欢乐时光。我这个班长的头衔，到现在还是没卸下，老同学总爱让我当班长，要我安排这些年来的聚会，但是我非常乐意经营这分长长久久的友谊！

下课了，男女学生各有各的玩意

湖光山色篇

The Beauty of Nature

Macgy Picchu Iquazu Falls
Lake Titicaca Moon Valley
Nasca Lines

清晨的云海让起个大清早的我，感到无比的兴奋

秘鲁：荣登7大奇观的神秘印加遗址

我在温泉镇的时候，大家正忙着为坐落在乌鲁邦巴峡谷中的马丘比丘(MACHU PICCHU)争取7大奇观的投选拉票。走访过马丘比丘，也不会质疑她荣登这个榜位的我，不知道为什么没投下神圣的一票，可能只是一个告示牌在提醒大家上网投票，而我在温泉镇也没有上网的缘故吧！就像所有到过马丘比丘的旅客一样，她至今依然无法完全揭开她的神秘面纱，都是我们爱上她，敬仰她的理由，7大奇观确实是名不虚传，我也为有着印加血统的秘鲁人感到骄傲。

不知道是不是这股神秘的力量将她隐藏了起来，西班牙人击败印加帝国以后，竟然也对这座宏伟石造古城的存在完全不知情，以致她在1911年才被美国历史学家海勒宾翰正式的对外介绍，引来了世界的瞩目。或许也该庆幸地说，西班牙人没有发现它，是后人的福气，要不然可能会面对如同库斯科太阳神庙和宫殿那样被摧毁或改头换面的命运。

5月17日的5点30分，用早点的时候，听见旅馆老板说当天多云，也可能会下雨的，面对这项负面消息的我，也只能听天由命。但是，神奇的是，到了入口处排队等待进入遗址的那一刻，天空厚厚的云层已经散开了，留下雾气围绕着山头，日出方向的凹凸山脉和大马京那巴鲁山头还非常的相似，激动的心情开始在沸腾。

搭乘第一班巴士的旅客，到了马丘比丘，第一个目的地一定是走向高处的梯田，等待日出将暖暖的阳光投射在古城上。上山的路上，心情是非常的雀跃，因为马丘比丘在雾中若隐若现的面貌非常的迷人。没到梯田的顶端就忙着把三脚架打开，边拍着马丘比丘与祭坛前的怀那比丘在雾里的变化，边在雾气太厚的时候，争取时间爬上守田人之屋的最后一层梯田去迎接日出。

老实说，到马丘比丘以前，并没有做好功课，人在现场的时候，手上也没有地图，回来才发觉导游也只是带我们走了一半的路程，就留下我在那拍照，两个男孩则决定征服怀那比丘山，到高处眺望马丘比丘，以为行程结束的MAGGIE选择了回去温泉镇泡温泉。所以，即使我是在马丘比丘逗留了5个小时之久，在这迷宫爬上爬下的，还是错过了泉池，圆柱体太阳庙和怀那比丘山下的月亮庙，也分不清哪些建筑是太阳神女或贵族的住所，哪些是监狱，哪些是工作坊，也没有好好的把三窗庙的精髓记录下来，这是我最大的败笔。所以，奉劝大家，功课一定要做足。只怪自己出发前的准备日子不多，又贪心的要在29天游走4国，以致太多东西要处理。不过，离开马丘比丘的那一刻我是非常满足的，也把它列为丰收之行，写作的时候才知道原来有那么多“漏网之石”。我想，也不打紧啦，只要当初是带着愉快的心情结束马丘比丘神秘之旅，照片也不是太重要吧？

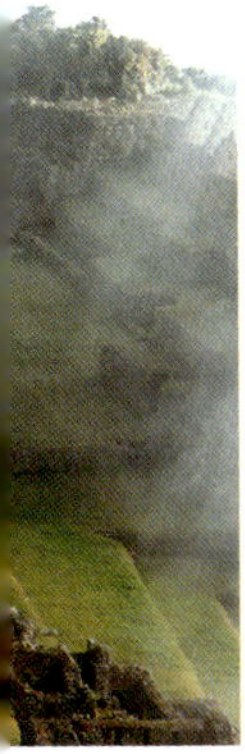

朦胧的雾气里，我的视线一直没有离开过左边的英堤华塔那拴日柱，后头若隐若现的怀那比丘则像个害羞的姑娘

三窗庙可是典型的印加石墙代表，印加的石墙在500年的历史洪流与多次地震的冲击下，屹立不倒，全赖印加工匠的功劳。打磨精细，被切割成各种形状不一的四方岩石与多角岩石完美的堆砌衔接，岩石之间是完全没有黏接物，就凭这些岩石的多角形状与重量就能牢牢的把一堵墙和整个建筑物，天衣无缝的紧密巩固在一起。在没有铁器的印加帝国时代，工匠是如何切割，准确的完成这些伟大工程，还是一个谜。只记得导游说过，他们是用湿了水的沙把石块打磨成光洁的表面，这项费时的工作，现代的人应该没有这份能耐，已经把使命委托给依照程序运作的机械。

至于这座神秘石墙古城真正的用途，很多历史学家和考古学家比较一致的看法是，她是一个结合所有自然界神明：太阳、月亮、山河大地的祭祀和观天文的中心点。

整座马丘比丘，从开始到我结束此行，最吸引我目光的就是怀那比丘前的英堤华塔那（INTIHUATANA），又名拴日柱。这是印加人为了防止入冬以后微弱的日照（日短夜长）消失远去而用来拴住太阳的祭祀塔。有说法是他们在夏天的时候，才

马丘比丘的这个部分是太阳神女，贵族的住宅，也是坟地和工作坊的所在地

左下角的那道彩虹—阳光折射是一个意外收获，走得慢的我，恰好就在一位美国摄影师的身旁，跟他共享这份喜悦

雾气散开的时候，阳光已经非常的强烈

将它“释放、解开”让太阳从东方高高的升起。虽然印加人懂得观星和凭着太阳照射的角度准确的掌握农耕、收割的季节，但是，对自然神敬仰和祈求天文运行正常的印加人，还是希望自然神明能够从中庇佑。很巧合的是，这座马丘比丘最高的建筑，刚好坐落在东南西北群山两线交接的点上，再次证明了这座建筑在祭祀上的重要地位。而事实上，从这里俯瞰整个马丘比丘，是那么的高高在上。

除此之外，环绕马丘比丘四周的梯田也是那么的壮观。想像500多年前的收割季节，这座城市应该比我在安第斯山脉山腰看到的情形多了个形容词——人山人

这堵墙属于什么建筑物，我也不晓得，这是没做功课的结果

海。考古学家发现，梯田除了栽种农作物供应这座城市以外，这里也培植与栽种祭祀用途的植物，包括古柯叶。这个能够缓和山间陡势的石造梯田还有防火的作用。这一切的一切让我敬佩起印加时代的人民，他们的智慧，他们对顺应环境的适应能力和对生活的态度，我由衷的感谢他们曾经用心保护着这片土地。

到底这里是不是太阳神女藏身的最后一个场所，到底500多年前，这里是怎样的一座城市，至今仍是一个还没有真正解开的谜，但是印加帝国当年的强盛伟绩已经深深的刻在这些有2500万年历史的沉默岩石上。

作为农耕地的梯田缓和了山边的陡势，也能防止山林火势蔓延到马丘比丘

绕过后面的两间小屋就是爬上怀那比丘的起点

难以想象这就是坐落南方，马丘比丘之门

高高在上的守田人之屋是哨卡也是通讯站，当年的人是不是也能从这个角度获取讯息呢？

在迷宫中的我，意外的来到神鹰庙；地上刻的是鹰头，回到家才知道印加人在背后的岩石加工，逆造鹰的翅膀，象征神鹰展翅。结果被我不小心“砍”了另一边的翅膀

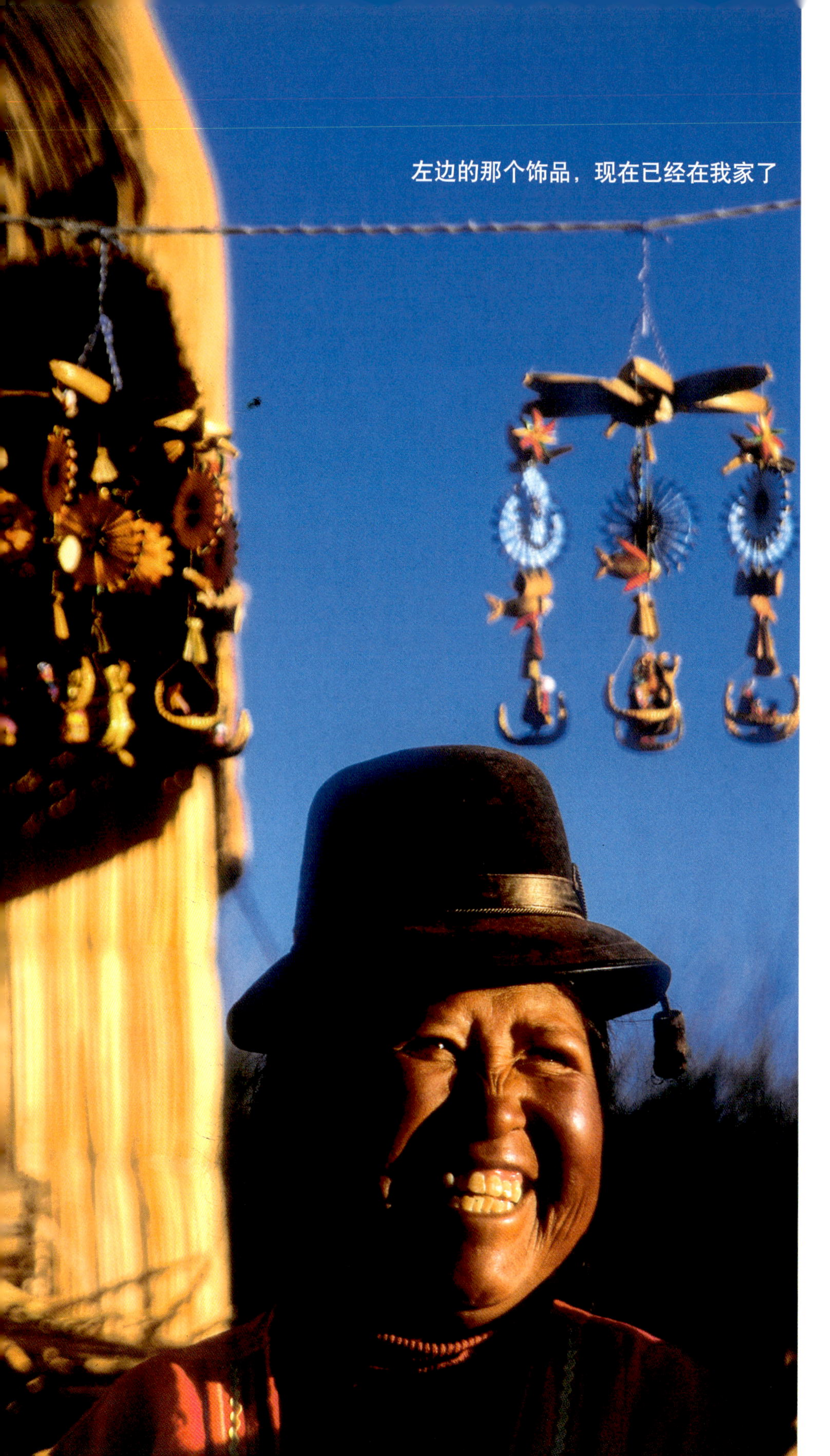

左边的那个饰品，现在已经在我家了

秘鲁芦苇岛：的的喀喀湖的魅力所在

旅行社的老板说的的喀喀湖芦苇岛上的居民5点半就起来劳作，加上深秋日出都在6点以前，为了把握拍照的良机，我当然不客气的就接受了旅行社最早的行程，5点半从普诺的旅馆出发，往神奇的芦苇岛探索地平线！

来到第一个LOS UROS芦苇岛，也只是6点20分，怎么大家也还在睡觉？可能是天寒地冻的关系，大家起得比较迟吧？只是看见一位乌鲁斯男人在整理割取下的芦苇草，好高的芦苇草一束又一束的整齐的直立在屋前的空地。也没打听这是作什么用途，只知道芦苇草盖的屋顶，只能耐上5—7个月就得更换。

原来脚踏芦苇岛的感觉很踏实，我也好玩的在原地跳了几下，这个“地基”还很坚实呢！这下子，我确定会晕船的人也可以在这里定居！有一天你对世俗感到厌倦，也可以像他们的祖先一样避开强势，如避开印加帝国领土侵略并吞的命运，来到这里生活。秘鲁的的喀喀湖内有32个浮岛，并不是所有岛屿都对外开放，所以，你大可在此安居乐业，过你隐士的生活，希望不会碰上16世纪的西班牙人，把你抓去采矿！

后来岛上的一位主人家也在JOSE的翻译下，向我们讲解了芦苇岛的建造，在一层层芦苇草的底下，还有厚3米的芦苇根作浮标。以前他们没有在角落把浮岛稳住的时候，一觉醒来，还是同一片天空，却不是同一户邻居。现在，没听错的话，他们会在陆地打桩，用绳拴住木头的上部，给浮岛固定位置，又或者是抛锚定位。浮岛并不能单靠在表面不断铺上新鲜的芦苇草来长期使用，底下的根部地基还是会腐烂，一般能耐上12—17年，要建一个新的浮岛，需要费时两个月，还得动用群体的力量。

友善的乌鲁斯妈妈也让我们到他家参观，还给我们穿上他们的服装，达成我到此的其中一个心愿。当然，妈妈也希望我帮她卖个手信或纺织品，而我看上的则是只能保留2年的芦苇草吊饰品，好喜欢那6艘PUMA芦苇草船的样子。两年以后，不知道它会变成什么样子，但是，两年里，我还是可以凭它忆起芦苇岛的点滴，意义非凡！JOSE还透露，人们还未住在浮岛之前，先住在芦苇草船，后来看到大块的芦苇草根能够在水面漂浮，才住在上面。

不少人置疑这里的居民只是为了赚取游客的钱而在这里“驻扎”，白天在芦苇岛卖手工艺品或给游客划船，晚上其实是住在陆地。JOSE也不否认有30%的居民真的是以这样的生意头脑过活。也可能生活过得好了，游客的钱赚了不少，还有一些真正住在这里的人家，将屋顶换成锌片，着实破坏美感。

6户人家的女人送别了我们之后，来到了让我惊叫的岛屿，因为这里竟然有我梦寐以求的芦苇草宿舍！之前也为此给大家发牢骚，就不要再提伤心事了。这里有着两家餐馆和一家杂货店，好学的小女孩还要我指出大马在地球上的位置，我画了半个亚洲，从她熟悉的中国到马来西亚，让她了解大马的所在地。

有时候，我是挺矛盾的，芦苇岛的人们懂得改变经营生意的手法开了餐厅为生，但我却担心更多的油渍、清洁剂会因此污染神圣的的的喀喀

1 这一堆堆的芦苇草好抢眼
2 主人家利用这个模型给我们讲解芦苇岛构造
3 这艘芦苇草做的PUMA船也得花上不少的心思去编制

FLOTANTE
PUMA
UTTA

1 另一个岛上，小男孩一早就把手工艺品摆在门外
2 这幅图案展示了芦苇岛的生活状况
3–4 的的喀喀湖的送别和欢迎仪式

湖，另一方面，我自己却也爱上这里的炸鱼，还吃了两顿，我好像也间接的成为破坏者。但愿这里的居民还有全球的人学会爱惜地球，不要加重她的病情就好了。

第三个岛屿，我们受到贵宾式的迎接，身穿亮眼服装的妇女除了在岸边迎接，婆婆还给我们做煎饼，味道还不赖。这样的迎接方式，我以为他们会大力的推荐他们的手工艺品，其实也没有，我们只是开心的看到一个小女孩，抓了她来拍照，然后，MAGGIE当好人，帮她父母买了几张明信片而已。我很肯定他们是岛上的居民，因为小女孩的脸蛋留着太阳暴晒的烙印。

这里就是芦苇岛民宿，网址是http://www.kamisarakilodge.tk

1 正在做早点的婆婆给我们做煎饼
2 在芦苇岛上看到太阳能别吓呆，这是1990—2000年在位总统，秘鲁与日本籍Alberto Fujimori给岛民的捐献
3 迷你芦苇草屋旁的炉灶，一次可以放三个锅
4 这种传统的船只只供游客使用

1

1–3 这些小孩理应常常成为镜头猎取的对象吧！

2

3

秘鲁：谜底还待解开的纳斯卡线

离开秘鲁首府利马以后，我们是花了8个半小时的巴士车程来到NASCA，这一路是沙丘，房子就像摩洛哥的平顶构造，墙上有着壁画和文字。走在与摩洛哥几分相似的荒芜大地，突然想起出发前友人开玩笑说的：“可不要碰上像《BABEL》（通天塔）电影情节的巴士流弹事件”！

纳斯卡线(NASCA LINES)到底是什么作用，代表着什么，至今还是一个有待解开的谜。不过，地质学家排除了这是外星人杰作的论调，证实了当时的人们只是将大石头移开，让地层夹着矿物质的沙露出表面，产生在空中所看到的白色线条，但是，在久远的时代，能够准确的弄出那么大的图案确实令人惊叹。有人说，他是联系宇宙能量的通道，有人说是代表印加帝国皇朝崛起以前的部落图纹，但是从德国逃离到秘鲁的MARIA REICHE相信这是有着天文学作用的图案，是宇宙行星运行跟图案某方面的吻合，所带出的播种、耕种、收成，雨水来临和季节变换的讯号。

猴子、蜂鸟和塔的图形属于规模大的图案

在面积500平方公里的沙石地上出现了20多个动物、植物与图形的图案，若是乘坐6人座的小型飞机，可以从空中拍到11个图案。最长的图案有200米长。为了让左右两边的乘客都有平等的拍摄机会，专业的飞机师每次都会来个近乎90度的转弯，让另一方向的搭客也可以把图案一一的拍下，他都会在乘客比出OK的手势之后，才往下一个图案飞去。这个时候，当然要提醒你早餐不要吃得太饱，小心头晕呕吐！可以的话，起个大早，搭最早的飞机，图案带点黄色之外，也可以在飞行结束后用早点。只可惜我没打听清楚，旅行社安排了早上9点的飞行，图案少了点美感。

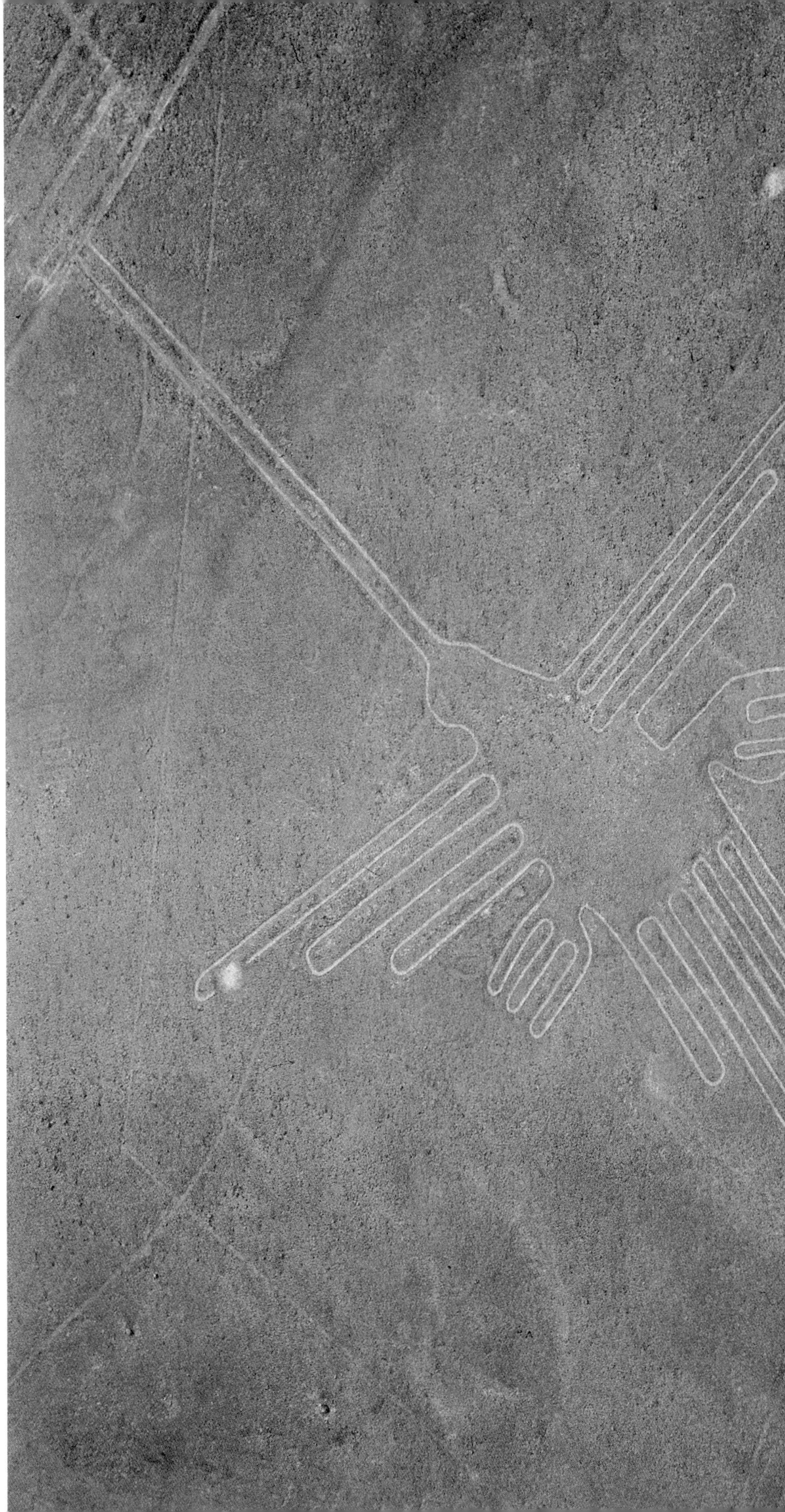

这个图象较小，但跟车子比较起来，也看得出两者的比例

纳斯卡线就坐落在这样的一个地势上

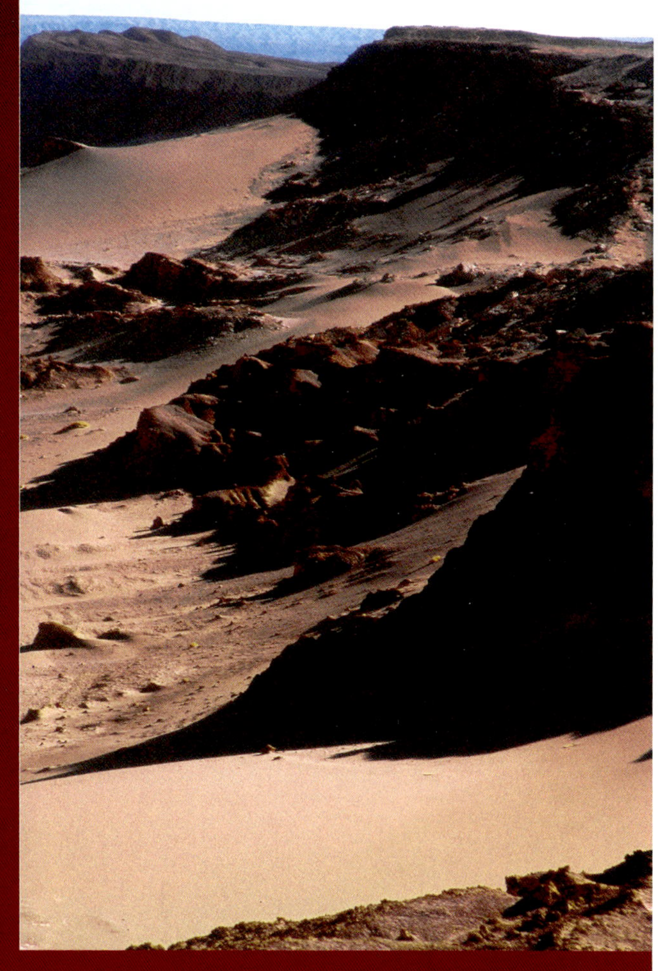

智利：深秋月圆的月光山谷

SAN PEDRO DE ATACAMA最吸引游客的地方就是位于19公里以外的VALLEY DE LA LUNA 或英文叫MOON VALLEY，我称她为月光山谷。

Cordilera De La Sal的沙土山脉是智利北部的旅游景点，旅行社的巴士都会让游客在这里下车，步行大约半个小时，然后在另一端接游客

同样的旅行社，但是在智利的口碑不太好，打了折扣。要是你看上COLQUE TOURS，也想尝试这玻利维亚——智利北部10日游的话，记得要在出发前跟玻利维亚拉巴斯的FABIOLA说清楚，请她提醒智利的职员要尽责，尤其是淡季的时候，假使他们取消行程则必须自动退钱。我可是动手准备发电邮给FABIOLA的时候，他们才肯乖乖就范的把取消村落游的旅费退还给我。不过，别担心，月光之谷的行程非常的抢手，一定不会被取消。

但是，可恶的导游兼司机载我们来到月光山谷的时候只是交代说，爬上山头以后，看日落的话往左边的顶端走去，往右边则是挑战高难度山峰，一点也没提及月亮的方向，他自己就待在车上等我们回来。我看着天气，知道往右边应该赶不及日落，正好有另一家旅行社，讲英文的导游带游客往左边去，也幸好我会积极的在天空寻找月亮的踪影，才没有错过月光山谷的月亮高挂画面。

这个海拔2550米的盐沙土山脉跟远处安第斯山脉和高5916米的LICANCABUR火山形成的层次感，加上午后5点45分即将日落的光线、农历十四的月亮，构成一幅美丽的图画，之前上沙丘所耗的力气都是值得的。

不过，后来我才知道正确的名词应该是月亮山谷，她是因为2200万年前的地壳移动，活火山喷出的熔岩与风蚀的结果，形成犹如月球表面的地势而得此名。

被称为三峡玛丽(Three Maries)的石柱，已经经历了100万年四季风沙雨水的侵袭

滑沙也是这里的卖点，但是范围比澳洲小的多

要俯视整个月亮山谷，人们都得爬上上岗，上山的松软沙土让你走的疲惫，但是日落之后，你必定没有遗憾

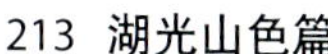

我在山脊往下、往左、往右拍下的画面

他们正在检查相机显示屏的照片

圆圆的月亮高高挂，这里是
名符其实的月亮山谷

来到这里，阳光已经走远

令人叹为观止的
巴西——阿根廷依瓜苏瀑布

冬天的阿根廷去不了南部看冰川或企鹅，结果就是往东北MISIONES省份的亚热带雨林探访依瓜苏瀑布（IGUAZU FALLS）。也因为她处在巴西与阿根廷的边界，我也有幸踏足巴西2个小时，在巴西看了一场日落。

穿上雨衣在这里"淋雨"，感觉如何？

差点错过巴西一游的我，因为又是单身一个，旅行社把我给忘了，还好他们的办事处就在旅馆的隔壁，我才及时的上了一个不谙英语的帅哥导游的红色雷诺。往巴西的路上，两个人各自吃着口香糖，他只是开口跟我讨护照办理出入境手续，其他时候，他是开着唱机打破沉静。

帅哥没陪我进去看瀑布，只是指示我买好门票之后登上巴士，两个小时以后回到停车处找他。还好我是爱探险的人，这样的一个安排并不坏，我可以自己拿主意，也还好没在入口的博物馆待下，直接就上了双层、顶上透风的巴士，否则可能就错过了那一场难得的巴西日落。

幸好这辆巴士的播音系统播放三国语言包括英语的讯息，我才没有在前几站下车，得以在终点站第一次看那个由好几十个小瀑布组成的景色。事实上，根据资料显示，整个依瓜苏瀑布，大大小小的瀑布有275个。本来友人就告诉我，在巴西是远眺瀑布的壮观；在阿根廷，瀑布就在桥底穿过，是近距离体验

离升降机很近的瀑布，激起的水花像蒸气

急流往下扑去的惊险感觉。然而，后来我沿着山边围着栏杆的水泥路和台阶一步一步的走去，却发现了人们穿着雨衣，走过大约100米的桥，就在瀑布的前面领受瀑布的甘露。更令我惊喜的是，有个升降机可以把我带到大约5楼的高处，稍微让身旁瀑布溅上来的水花洒在身上，看远处的瀑布在夕阳余晖中慢慢消失，心里好满足，好欢喜，20美元的车资和10美元的入门费也算值回票价。

阿根廷的部分需要的时间比较长，又分恶魔之喉咙(DEVIL'S THROAT)、上圈和下圈。恶魔之喉咙喷出的“口水”可真强，在1000米之外都感受到他的威力。一步一步接近的时候，天空飘来了“毛毛雨”，头发和冬装也慢慢的被这些水花溅湿，快到她面

日落时分的巴西依瓜苏瀑布

往下冲70米，应该没有人敢尝试吧？

前的时候，风一刮起，整个身子像被从天而降的雨水淋湿，那个时候，不知道为什么，突然忆起印度的恒河，感觉自己就像在恒河沐浴一样神圣，也不需要多付钱到下圈的圣马丁乘船特意去靠近瀑布体验被水淋的感觉，在这里就能体验风和水的威力。

当我再度靠近，在金属桥往下望，湍急的溪流来到喉咙口往下坠的时候就像是坠入无底洞，70米的深渊真的很震撼；往上看，风力把溅起的水花带到至少4层楼高的天空，像是小型龙卷风在吹。

依瓜苏瀑布在当地的语言是大水（BIG WATER）的意思，在搭乘飞机离开依瓜苏瀑布的时候，如果你是坐在左边的窗口，必定看到依瓜苏瀑布溅起的水花被风吹上几层楼高的特写。只可惜，我没准备好相机，错过了这一幕。来时，我也刚好坐在右边的窗口边，但是有亲戚在大马驻阿根廷大使馆工作的地勤阿姨太喜欢我了，在几乎爆满的机舱上，唯独给我三个座位睡觉，我当然也是睡眼惺忪的错过此景。

离开恶魔之喉咙，再度乘坐犹如大马动物园的火车回到上圈的时候，走过的瀑布虽然也是往下望去的那种近距离体会，但是威力是远远的不及之前的喉咙口。至于下圈则是在较低的角度或者说半山看大景；很庆幸的是每回都有彩虹的陪衬，点缀整幅图画。那顿午餐，我花了6阿根廷比索买了三文治，在瀑布旁的公园坐下享用。一边欣赏瀑布，一边听着潺潺的流水，呼吸这片森林保护区的新鲜空气。

奉劝大家别尝试SAFARI，误以为是像资料所说的乘坐4轮驱动车寻找动物足迹、寻访犀鸟和猴子，还有看兰花品种，原来只是瀑布SAFARI，等同于马来西亚的JUNGLE WALK和“瀑布泳池”之旅。冬天的瀑布水冷得似冰，虽然在大马也有这种温度的瀑布，但是，一个女子在这里戏水感觉很怪，没有同伴相随好无聊，

恶魔之喉咙，非常的壮观

结果只是把脚泡进水里，感受麻痹的滋味就够了。

至于植物，导游也只是给我介绍两种藤，深色的是TONGKAT ALI在南美洲的兄弟，浅色的作为捕鱼之用。导游的英文说得不好，我听不懂他们怎么使用这些藤去吸取水里的氧气，让鱼儿窒息后方便捕抓。

在大马，除了车费以外，我到森林可是一分钱也不用付，这里3公里的车程，加上林中步行，全程两小时的代价是20美元，这可是我在南美洲犯下最大的错。没法子，这个行程是在出发前安排好的，只能怨自己当时不懂CASCADA就是瀑布的意思，只是被SAFARI这个字眼迷住！

人们在恶魔之喉咙都披上雨衣，我却在那里沐浴，是笨了些

墨画的感
也不错

这里是上圈

在安地斯山脉待久了，来到亚热带雨林的感觉真好

如果你想更靠近瀑布，这艘快艇可以让你近距离的感受瀑布的花洒（这里是下圈）

难得看到较小型，
较“温柔”的瀑布

玻利维亚签证的准备工作篇

为了报答玻利维亚对我的厚爱，让更多人分享我在玻利维亚的喜悦，在此提供一些资料让大家可以安心的入境玻利维亚。申请玻利维亚签证所需资料，除了个人资料以外还有以下这些：

- 血型
- 玻利维亚下榻的旅馆
- 在玻利维亚的介绍人（我把旅行社与旅行社的老板娘的名字写上）
- 入境玻利维亚的方式（水、陆、空）
- 入境班机／交通工具号码
- 回程班机号码（我是提供马航的回程班机号码）
- 入境玻利维亚之目的
- 入境期限（一般是30天）

像申请日本和加拿大签证那样，准备相同的文件，必定过关，不过，玻利维亚大使馆不会收下这些文件，只会作参考，所以旅途上要好好保管，以免掉入不法之徒的手中。

- 个人护照影印本（多准备几分，护照有限期必须至少6个月）
- 回程机票影印本
- 玻利维亚内陆机票影印本（如果事先在网上订购）
- 个人信用卡影印本
- 个人旅游保险卡影印本
- 个人银行存折影印本（财务状况证明）*
- 个人验血体检报告影印本（健康状况证明）*
- 黄热病（YELLOW FEVER）注射证书影印本必须至少在出门45—30天前注射**）可喜的是，药物的有效期是10年，未来也能在非洲通行无阻！
- 玻利维亚境内行程表，包括如何入境与参与哪个旅行社
- 旅行社电邮往来证据或收费单据（没有强制要求）*
- 雇员证明书（老板确认你是到玻利维亚度假，何时何日回到工作岗位上班，不过，玻利维亚应该可以省略这部分，因为我和很多游人都是待业者。）*

* 个人选择

** 回国2个月后曾需携带这本“橙皮书”到泰国，但是，邻国入境处没要求我出示此书；也许未来入境其他发达国家，关卡人员才会检阅，以确定我没在南美洲染上黄热病吧！

行程篇

国家	日期	星期	行程
PERU 秘鲁	09/05	星期三	13：35抵达布宜诺斯艾利斯（Buenos Aires）；20：10飞往利马
	10/05	星期四	利马市区（Lima)，玻利维亚驻秘鲁大使馆办签证
	11/05	星期五	利马唐人街；13：30搭巴士往纳斯卡(Nasca)
	12/05	星期六	09：00纳斯卡线空中翱翔；纳斯卡市区；20：30搭巴士往库斯科
	13/05	星期日	09：30抵达库斯科（Cuzco)；Lares Valley Trek 事前简报会
	14/05	星期一	06：00展开Lares Valley Trek，19：00抵达Huacahuasi营地
	15/05	星期二	07：00展开征服海拔4400米Ipsaychocha pass之登山， 16：30抵达Patacancha营地（海拔3700米）
	16/05	星期三	07：00 徒步下山至Ollantaytambo,14：55搭火车往温泉镇
	17/05	星期四	06：00最早的巴士往马丘比丘；16：20搭火车回到库斯科
	18/05	星期五	08：00搭乘火车离开库斯科往普诺（Puno）,18：00抵达普诺
	19/05	星期六	05：30往的的喀喀湖出发，拜访芦苇浮岛，留宿于阿曼塔尼岛
	10/05	星期日	06：30往塔姬勒岛，见证民俗婚礼，留宿于塔姬勒岛
	21/05	星期一	06：00离开塔姬勒岛到芦苇浮岛的学校，12：30回到普诺
BOLIVIA 玻利維亞	22/05	星期二	07：30出发到Copacabana，原定是午餐后搭乘另一辆巴士往拉巴斯 **并且在17：00到达（示威路障的发生导致我转搭“无牌”出租车）**
	23/05	星期三	原本是参观TIAHUANACO遗迹与拉巴斯3小时游
	24/05	星期四	09：35搭乘AEROSUR到苏克雷（SUCRE），苏克雷2小时游
	25/05	星期五	08：00乘私家车去POTOSI，14：30地下矿场半日游
	26/05	星期六	09：00 参观最具代表性的博物馆 Casa Nacional de Moneda， 保安森严，禁止擅自进出，必须步步跟随携带钥匙开关门的讲述员； 12：00搭乘公共巴士到Uyuni，17：30抵达
	27/05	星期日	Uyuni集市自由行，11：00四轮驱动开往盐湖，途经仙人掌岛
	28/05	星期一	07：00出发，途经几个湖泊和远望火山（沙漠地带）， 14：00抵达Laguna Colorada；观日落
	29/05	星期二	05：00出发到Geysers，Laguna Verde， 10：30搭乘迷你巴士前往 玻利维亚与智利边界，留宿智利San Pedro De Atacama(SPDA)
CHILE 智利	30/05	星期三	08：00 SPDA考古之旅，15：00盐沙土山脉漫步，月亮山谷观日落
	31/05	星期四	04：00往Geysers EL Tatio，18：15 搭乘Sky Airline飞往圣地亚哥
	01/06	星期五	圣地亚哥1日游（原定逛花市与鱼市场）

ARGENTINA 阿根廷	02/06	星期六	06：45 搭乘Lan Peru 飞往布宜诺斯艾利斯；La Boca Caminito游
	03/06	星期日	07：50搭乘Aerolineas Argentinas到依瓜苏，16：00到巴西观赏瀑布
	04/06	星期一	08：30阿根廷依瓜苏瀑布半日游，14：00瀑布SAFARI
	05/06	星期二	10：15班机回返布宜诺斯艾利斯；半日游走San Telmo、Monserrat 和Retiro
	06/06	星期三	早上游走Recoleta；20：20返回大马, 6 月 8 日05：40抵达吉隆坡

费用篇

全程总花费：16650令吉

- **包括收藏4国总值约100令吉纸币、购买不是很多的手信，但不包括所有摄影费用**

- **由于1/2旅费和所有6趟内陆飞机票是在出发之前以信用卡预先支付，在兑换率上比较吃亏；登山团一般都是会先收取单人150美元左右的订金。**

- **2007年4月底至5月初，谷中城的现金兑换率是平均3.43令吉兑1美元**

- **吉隆坡—布宜诺斯艾利斯往返机票:**

我的票价是　　RM 4730 + RM767 (机场税和其他收费) = RM 5497
MAGGIE的票价是　　RM 5635 + RM767 (机场税和其他收费) = RM 6402
（套一句旅行社的话，每天的票价如石油价格上下不定)

31天旅游保险为RM235

以上没有列出的还有小费，通常我会以导游或司机的服务态度为打赏的标准。

一般，半天是1－3美元，一天是5美元。但是，根据我的观察，那些学生籍的旅客是不给小费的，因为他们是打工赚钱到这里旅游，省下小费还可以用餐。除非像登山朝圣团那样明文规定要打赏小费，就无可避免。

除了KAYPICHU 和布宜诺斯艾利斯以外，我没在其他餐馆给小费。Maggie说，食物不好吃，而且一生只光顾那么一次，就不用打赏的看法，也不是没有道理。

主要开支（秘鲁）

1美元兑3.15秘鲁SOLES

以单人旅费／1房租金为计算	SOLES	美元
布宜诺斯艾利斯飞利马		300
布宜诺斯艾利斯机场税		18
利马机场出租车至旧区酒店		10
玻利维亚签证		30
利马Hotel Espana	45	
利马市区出租车	8–15	
巴士去纳斯卡，纳斯卡旅馆住宿（包早餐），纳斯卡飞行，纳斯卡古迹文化半日游，巴士往库斯科，机场、车站接送（SAS TRAVEL）		180
秘鲁膳食费	6–25	

以单人旅费／1房租金为计算	SOLES	美元
库斯科 Hostel Loki		21
Lares Valley Trek，3天2夜扎营膳食，往返火车票*，马丘比丘入门票，温泉镇早、午、晚餐和住宿（SAS TRAVEL）		350
睡袋＋挑夫（9KG）		42
背包车厢火车去普诺		19
普诺 Hostal Los Uros	40	
包船，2趟芦苇岛之行，阿曼塔尼与塔姬勒住宿，6餐膳食，3天导游和船夫费 (ALL WAYS TRAVEL)		146
普诺去Copacabana巴士车票		12
普诺巴士车站税	1	

*票据显示两程车票为86美元

主要开支（玻利维亚)

1美元兑7.85玻利维亚币

以单人旅费／1房租金为计算	玻币	美元
入境Copacabana	1	
玻利维亚—智利10天游拉巴斯—苏克雷单程机票，9晚旅馆住宿（包早餐），2小时至半日游导游费，98%入门费，2程巴士车票、私家车接送往POTOSI；机场、车站接送，盐湖3天2夜住宿与膳食,SAN PEDRO 3天2夜住宿与早餐 (COLQUE TOURS)		580

以单人旅费／1房租金为计算	玻币	美元
内陆飞行机场税	14	
Fish Island入门费	10	
沙漠、湖泊保护区入门费	30	
我在玻国每餐膳食费	20–32	
离境税（玻国关卡）	15	

主要开支（智利）

1美元兑520智利比索

以单人旅费 / 1房租金为计算	比索	美元	以单人旅费 / 1房租金为计算	比索	美元
机场巴士前往Los Heroes总站	1200		Calama至圣地亚哥单程机票 *		170
单程地铁收费，非繁忙时间：06：00–06：59，09：00–17：59，20：00–23：00	380		圣地亚哥至布宜诺斯艾利斯双程机票（在机场取消回程机票，不需赔钱也没退款）		122
其他时间：07：00–08：59 18：00–19：59	420		*智利没另外征收机场税		
Che Lacarto Hostel		21	我在智利每餐膳食费 *圣地亚哥鱼市场单一食物从2500比索起	1000–5000	
旅馆至机场（Hotel pick up，与其他旅客共车）	2100				

*SKY AIRLINE的网页还有秘鲁大型巴士公司的网页以西班牙语为媒介语，导致我订购无门，因此，我是在出发前，以网上看到的价格，请求我在南美洲的旅行社代购。

主要开支（阿根廷）

1美金兑3.065阿根廷比索

以单人旅费 / 1房租金为计算	比索	美元	以单人旅费 / 1房租金为计算	比索	美元
Hostal De La Boca		13.3	依瓜苏瀑布游（阿根廷+巴西），瀑布Safari,2晚住宿，2顿自助早餐，2顿晚餐，双程机票和税务		*490
86号巴士，从机场去市区	1.35				
布宜诺斯艾利斯市区巴士	0.80		*瀑布Safari		20
布宜诺斯艾利斯市区地铁	0.70		阿根廷依瓜苏瀑布门票		10
市区出租车基本车资	2.60		巴西依瓜苏瀑布门票		10
出租车从旅馆前往国际机场	62		Recoleta 坟场门费	4	
			我在阿根廷每餐的膳食费	7–12	
出租车从旅馆前往国内航班机场	22		阿根廷离境机场税		18

供参考的网页篇

跟往常一样，出发前，我都会上网找资料，安排行程。当然也会从知名旅游手册的资料中，筛选我心仪的住宿。这一次，由于沟通问题，我也选择在出发前安排地陪团，省得在南美洲之际，浪费时间沟通，同时也可避免受骗，所以我觉得，我通过上网订购，可能比就地订购的代价高出10%吧！

为每个旅游点选了数个旅行社以后，接下来的工作当然是发电邮咨询最新的状况和价格，而以下列出的邮箱和网站都是属于一些回复快速，能够以英语交流的旅行社。事实上，不少旅行社在我回到大马之后也没有回信，可能是语言的关系，促使他们爱莫能助！

有兴趣到“阿智玻秘”的朋友，可以参考以下的资料。为了公平起见和避开不必要的麻烦，在此就不特意地逐一介绍，需要的话，请直接跟他们联络。

旅行社

秘鲁

www.go2peru.com

（非常多的资料供参考，包括旅行社、住宿和南美洲内陆飞机时间表和航空公司都可以搜寻得到，是我安排内陆飞机行程的“好帮手”）

www.andeantravelweb.com/peru/companies/peru/index.html

（另一个叮当宝袋）

Sas Travel：www.sastravelperu.com；office@sastravelperu.com；info@sastravelperu.com

Peru Treks：www.perutreks.com；info@perutreks.com

Inca Explorers：www.incaexplorers.com；incaexplorers@speedy.com.pe

All Ways Travel：www.titicacaperu.com；sales@titicacaperu.com

玻利维亚

Colque Tours：www.colquetours.com；info@colquetours.com

Koala Tours：www.koalatoursbolivia.com；
www.ktourspotosi@hotmail.com

拉巴斯导游（英语）：maryluz13es@yahoo.es

智利

由于我在智利逗留的时间不多，除了沙漠和首都，我也没到其他地方，所以特地转载圣地亚哥当地地图中列出的网址

Conocechile：www.conocechile.cl（只是西班牙语版本）

Altue：www.altue.com（蛮贵的！）

如果想去葡萄酒厂和品酒的话，可以考虑到这些地方：

www.demartino.cl；
www.cousinomacul.cl

阿根廷

Outdoors Argentina：www.outdoorsargentina.com；
marina@outdoorsargentina.com
（一个曾经在布宜诺斯艾利斯马航办事处工作的友善代理）

除了我所采取的游走方式，还有另一种旅游方式可以让你在一个时期跟来自全球各地的旅人同游。通过这个方式，你可以在7天到5个月的时间里，以蛮合理的价格游走1—9个国家。除了独自上路，你可以跟一伙人（大概8—25人）背着行囊，跟随讲英文的领队兼导游，以自助的方式，搭乘公共交通行走和过境，也可以选择以4轮驱动车代步，并以露营的方式一起周游列国。但是切记，如果玻利维亚在你的名单中，务必要搞清楚自己可以在哪里办签证，签证在手之后才随团出发。当地的出发日期一般是设定好的，就看你要如何配合，该提前多少天到达，以便把签证先办好，要不然，一不小心赔上旅费，就不值得了。

更多有关这类旅游的资讯可浏览MSL TRAVEL的网站：www.msltravel.com或通过电邮向这家本地旅行社咨询详情：E-mail：tours@msltravel.com

交通工具

秘鲁和南美洲主要城市	Lan	www.lan.com (南美洲内陆航线最完整的航空公司。飞行里数可以加入Cathay Pacific Asia Miles。成为LAN PASS会员后，可以在网上预定机票并且在时限届满以前购买机票。网上办理登机手续，打印登机证也方便省时)
	Turistico Aerocondor	www.aerocondor.com.pe turistico@aerocondor.com.pe(纳斯卡线)
	Aeroica	www.aeroica.net;aeroica@terra.com.peru (纳斯卡线)
	Boleteria Puno	www.perurail.com puno@perurail.com
玻利维亚	Aero Sur	www.aerosur.com
智利	Metro(地下铁)	www.metrosantiago.cl
	Pachamama By Bus	www.pachamamabybus.com;info@pachamamabybus.com (非常有趣的巴士之旅，如果时间允许的话，我会尝试。上网看看，你就会明白我的意思。)
阿根廷	Aerolineas Argentinas	www.aerolineas.com.ar

后记

曾经在接受一本婚纱杂志的访问中，就“梦幻婚礼”的主题，谈到自己期待一场发生在南美洲或南非大草原的意外惊喜求婚记和民俗婚礼，然后顺道在当地拍个婚纱照，了结终身大事。虽然我是在南美洲待了29天，也见证了一场婚礼，但是我的梦想终究没有因为遇上对的时间和对的人而实现，也从来没有期待那个人就是赫曼。向来不会走访同一个国家两次的我（印度例外），还会不会回到南美洲，到我未曾踏足的大草原或南部的冰川去呢？答案是一个未知数，是我心中的一个问号。

Peru Bolivia Argentina Chile

ChilePeru Bolivia Argentina

Peru Bolivia Argentina Chile

ChilePeru Bolivia Argentina

Peru Bolivia Argentina Chile

ChilePeru Bolivia Argentina

Peru Bolivia Argentina Chile

ChilePeru Bolivia Argentina

Peru Bolivia Argentina Chile

（京）新登字083号

图书在版编目(CIP)数据
阿智玻秘：南美四国精选自助游/曾素音著.—2版
北京：中国青年出版社，2013.6
ISBN 978-7-5153-1723-6

Ⅰ.①阿... Ⅱ.①曾... Ⅲ.①旅游指南－阿根廷②旅游指南－智利③旅游指南－玻利维亚④旅游指南－秘鲁 Ⅳ.①K977.09

中国版本图书馆CIP数据核字(2013)第129431号

北京市版权局著作权合同登记　图字：01-2009-3691

Published by Chen Su Yin
Design & Artwork by CK Images

中国青年出版社出版 发行
社址：北京东四十二条21号　邮政编码：100708
网址：www.cyp.com.cn
责任编辑：李杨　candie_li@163.com
装帧设计：精彩世纪　jcsj2001@263.net
编辑部电话：(010) 57350510
北京中青人出版物发行有限公司
电话：(010) 57350517/22/24
北京顺诚彩色印刷有限公司印刷

700×1000　1/16　15印张　248千字
2009年7月北京第1版　2013年6月第2版第1次印刷
定价：36.00元
本图书如有任何印装质量问题，请与出版部联系调换
联系电话：(010) 57350526